The Lelek Idea
Kinder von 1-3 Jahren begleiten

Marion Hopfgartner

Copyright © 2014 Marion Hopfgartner

überarbeitet und verfeinert 2019

All rights reserved.

ISBN: 3950364129
ISBN-13: 978-3-9503641-2-5

EINLEITUNG

Für die Kinder dieser Welt.
Für die Welt der Kinder!

Für die Erwachsenen dieser Welt.
Für die Kinder dieser Welt!

Für die Bestrebten dieser Welt.
Für die Kinder dieser Welt!

Für die Wahrnehmenden dieser Welt.
Für die Kinder dieser Welt!

Mögen dieses Buch zu einem achtsamen,
liebevollen und fröhlichen Miteinander verhelfen!

INHALT

Einführung und Vorwort

1	Was ist Lelek – The Lelek Idea	Seite 1
2	Der Erwachsene und das Kind ... die Begegnung ...	Seite 13
3	Der Erwachsene als Beobachter	Seite 25
4	TLI BegleiterIn	Seite 35
5	Die Räume	Seite 39
6	Die Rahmenbedingungen	Seite 51
7	Das Spiel	Seite 65
8	Die Sprache als Instrument	Seite 83
9	Die Persönlichkeit	Seite 93
10	Abläufe, Regeln und Grenzen	Seite 103
11	Zeit für vollkommene Entfaltung	Seite 115
12	Eingewöhnung von Kindern in Gruppen	Seite 127
13	Kraft und Energie erhalten	Seite 135
	Wie und warum alles begann	Seite 139
	Die Wurzel von TLI Pedagogics in wissenschaftlichen Berichten	Seite 145

Einführung und Vorwort

Jeder Moment ist ein besonderer Moment der Entwicklung. Gerade deshalb ist es für unsere Gesellschaft wichtig, sich genau zu überlegen, wie die ersten Lebensjahre eines Kindes gestaltet werden. Bis heute gibt es eine große Diskussion darüber, ob Kinder in frühen Lebensjahren eine Fremdbetreuung überhaupt besuchen sollen oder nicht *(mehr dazu am Ende „Wie alles begann")*. In diesem Buch werden diese konträren Meinungen weder befürwortet noch abgelehnt. Sinn dieses Buches ist es, jenen, die sich als Betreuungspersonen, BegleiterInnen oder als Elternteil für eine Fremdbetreuung entschieden haben, Ideen und Impulse zur Verfügung zu stellen.

Das Ziel dieses Buches ist es, eine Idee zur sanften und bewussten, sowie liebevollen und am Kind orientierten Begleitung zu geben und zu gewährleisten. Das Buch möchte dazu anregen, dass wir Kinder wieder Kinder sein lassen und als Kinder betrachten und nicht als Objekte der Erziehung und der Bildung. Im Laufe der Jahrzehnte, wenn nicht sogar eines Jahrhunderts hat sich die pädagogische Arbeit vom Kind entfernt. Wenn scheinbar alle Bildungspläne im deutschsprachigen Bereich darauf hinweisen, dass die pädagogische Arbeit sich am Kind orientieren soll, so steht doch eher der Förderaspekt im Vordergrund und das Kind als „Kind" im Hintergrunde. Wir Pädagogen sind in eine ausschließlich zukunftsorientierte Pädagogik abgeschweift. Dabei betrachteten wir die Resultate, die ein Kind durch gezielte und frühzeitige Förderung erreichen kann, aber vergaßen sehr oft das Kind in seiner natürlichen Entwicklung. In einem Jägerstamm in Afrika ist es wichtig, dass geborene Söhne schnellstmöglich gehen können. Die Stammesältesten haben alles versucht, um die Neugeborenen ab dem fünften Monat zum Gehen zu bewegen. Es ist ihnen missglückt. Die Hirnforschung führt dies zurück auf die notwendige Ausbildung von Bereichen im Gehirn, die von außen nur bedingt beeinflussbar sind. So ist es auch wichtig, dass wir pädagogischen Fachkräften und Eltern wieder vermehrt das Gefühl vermitteln, dass die Entwicklung der Kinder nicht erzwungen werden kann. Trotzdem Umgebung und Angebot beeinflussbar sind, sollen Bedürfnisse der Kinder nicht weniger wahr- und ernst genommen werden. *The Lelek Idea (TLI Pedagogics)* will Erwachsene darauf aufmerksam machen, dass Lebensabschnitte nicht getrennt voneinander betrachtet werden können. Alles, was heute mit diesen kleinen Geschöpfen passiert – wie wir mit Ihnen leben, arbeiten, spielen und sind – wird das, was sie in Zukunft als Persönlichkeit ausdrücken, prägen. Wie schon oben erwähnt, darf aber nicht die Zukunft des Kindes die Methode der Begleitung werden. Die Nachhaltigkeit der Verarbeitung der Eindrücke im Hier und Jetzt muss wesentlich beachtet werden. Das Kind braucht dazu die Erlaubnis sich in seiner eigenen Geschwindigkeit zu entwickeln und sich seine eigenen Lernmechanismen zurecht zu legen.

Ein weiteres Ziel dieses Buches ist es, Menschen, die nach einem Weg des liebevollen, achtsamen Miteinanders zwischen Erwachsenen und Kind suchen, einen Gedankenanstoß und eine Idee zu bieten, wie es funktionieren könnte. Dieses Buch ist auch für alle jene geschrieben, die bisher noch keinen Gedanken in diese Form der Begleitung investiert haben. Das Buch soll auch all jene bestärken, die bereits in diese Richtung streben. Möge dieses Buch dir Anstoß und Motivation sein, weiter auf neuen Wegen zu wandeln. In den ersten Jahren eines Kindes kommt es zu einer intensiven Prägung der Persönlichkeit, aber auch der Muster und Strukturen. Wir können sagen, dass das Kind in den ersten Lebensjahren sich sehr einfach und schnell neue Strukturen und Muster, sowie Programme und Gewohnheiten aneignet – insbesondere dann, wenn sie vom Kind durch einen aus dem Innen kommenden Impuls gestartet, wiederholt beobachtet und selbst ausgeführt werden.

In diesem Buch wirst du mehrmals den Hinweis finden, dass Kinder viel Freiheit zur Entfaltung benötigen. Dabei ist es notwendig zu verstehen, dass dies immer in einem sehr klar formulierten Rahmen mit wiederkehrenden Rhythmen und Regeln passieren soll. Diese sind wichtige Eckpfeiler und Anker der ersten Lebensjahre. Das Kind orientiert sich daran. Wenn du später mehr zum Thema Freiheit liest, dann denke an diese einleitenden Worte. Das gemeinsame Wachsen in eine starke, gesunde und liebende Persönlichkeit bedarf ein sanftes und achtsames Agieren der Erwachsenen *(& begleitenden Menschen)*. Meine Beobachtungen in der Praxis haben mir gezeigt, dass ein geordnetes, schulähnliches Modell für Kinder in diesem Lebensalter nicht notwendig und auch nicht zielführend ist. Meine Wahrnehmung ist, dass es Kinder in starre Modelle zwängt, die bereits zu einem großen Teil ihre Potenzialentfaltung einschränken. Wenn Fremdbetreuung stattfindet, so fordert dies die Erwachsenen *(begleitenden Menschen)* enorm, da es ein intensives – „Auf die Kinder Eingehen" bedeutet.

Wie viel an gestalterischem Tun, Gedichten, Fingerspielen, Reimen, Farben, Formen und anderem die Kinder erlernen, sollte in dieser Altersspanne sekundäre Bedeutung haben. Der Lernauftrag, das Lernziel der Sachkompetenz soll im Hintergrund stehen und sich ebenfalls natürlich entfalten dürfen. Es ist nichts einfacher für ein sehr junges Kind, als mit Freude alles Neue aufzunehmen – und somit zu lernen. Es bedarf daher keiner schulischen Form des Lernens. Auch gibt es keine Leistung, die das Kind erbringen soll. *The Lelek Idea* strebt nach vollkommener Leistungsfreiheit in den ersten Lebensjahren. Es ist nichts zu können oder zu erreichen. Entwicklung passiert natürlich – individuell – im Tempo des Kindes und es ist wichtig, dass es genau so passieren darf. Wir staunen immer, wenn wir sehen, wieviel von den Kindern selbst kommt und wie viel sie lernen wollen. Werden Umgebung und Impulse richtig gestaltet, so brauchen wir keine Angst zu haben, dass unsere Kinder keine Entwicklungschancen haben. Wir Erwachsene sind hingegen gefordert, vollkommen mit dem Vergleichen von Ergebnissen und Entwicklungsschritten der Kinder aufzuhören und uns viel mehr dem Impuls des Moments hinzuwenden. Das ist „The Secret" von der *The Lelek Idea*. *TLI Pedagogics* drückt sich durch eine „innere Haltung" aus. Sie kann in allen Rahmenbedingungen existieren. Wende diese Haltung zuhause, als Tagesmutter/-vater und auch in Fremdbetreuungseinrichtungen an. Gerade in „Fremd"-betreuung kann so ein familienähnliches Gefüge geschaffen werden, in das sich das junge Kind hineinfallen lassen kann und somit Vertrauen und Lernen stattfinden lassen kann. Alles Leben, wie du es kennst, wird weiter existieren und durch *The Lelek Idea* ergänzt.

Alle Herausforderungen des Alltags werden weiterhin da sein. Jeder Tag wird neue und unbekannte Aufgaben bringen. Welche Anteile dieser Idee du in dein Leben und deinen Alltag mit Kindern integrieren möchtest, ist deine freie Entscheidung. Bitte bedenke - wie immer – hier sollst du Impulse finden.

The Lelek Idea ist eine Idee! Es ist keine Regel und kein Muss. Es soll ein Anreiz sein. Lasse dich auf diese Idee ein.

Lese dieses Buch mit innerer Freude und nimm das an, was für dich und dein Leben passt. Vielleicht weißt du schon vieles, was du hier lesen wirst und wendest es bereits an. Erlaube dir kritisch zu sein, zu hinterfragen und die verschiedenen Aussagen zu evaluieren. Dieses Buch ist *The Lelek Idea* für Kinder im Alter von 1-3 Jahren. Es ist ein Impuls für die heutige Zeit, der von dir getragen wird. Du erlebst mit Kindern „Momente" – die einzigartig sind und nur jetzt passieren. Auch deshalb, weil die ersten Jahre eines Kindes bedeuten, dass wir ein beinahe leeres Buch füllen, ist es unsere Aufgabe, dies mit Bedacht, mit Liebe, Obsorge und dem andauernden Blick in die Zukunft zu tun. Das leere Buch soll nicht einfach gefüllt werden. Es muss in dem Bewusstsein geschehen, dass jedes Kind ein einzigartiger Mensch ist, der bereits weiß was er will und nicht, was er braucht und nicht. Es kann nicht unsere Aufgabe als Erwachsene sein, Kinder von diesem natürlichen Zustand zu entfremden. Im Gegenteil – wir wollen Kinder ihre inneren Wahrnehmungen erhalten und stärken.

Ich wünsche dir viel Freude beim Lesen!
Für die Kinder dieser Welt!

Deine,
Marion Hopfgartner

Zusatzanmerkung der Autorin:

The Lelek Idea (TLI Pedagogics) sind Anstöße, Gedanken, Ideen, Modelle, Techniken – alles, was 17 Jahre Anwendung und Beobachtung gefunden hat – ist hier für jene festgehalten, die sich genau in diese Richtung bewegen. Es ist eine Idee, die zum Begleiten von Kindern gedacht ist. Während ich diese Methode im Jahr 2014 in ihrem groben Rahmen verfasst habe, war es mir auf Grund der Rückmeldungen aber auch auf Grund der vielen Interpretationen anderer sehr wichtig, die Inhalte zu klären und mehr methodische und pädagogische Inhalte zu präsentieren. So kam es zur Überarbeitung des Buches im Jahr 2019.

Dank gilt den unzähligen Korrekturleserinnen, den Wissenschaftlern für Ihre vielen Berichte und jenen Menschen, die meine Aufmerksamkeit in eine neue Richtung gelenkt haben.

KAPITEL 1
WAS IST LELEK – THE LELEK IDEA

Was ist ein Kind? Diese Frage stelle ich dir ganz zu Beginn des Buches. Meine Frage ist nicht: „Wie ist ein Kind". Dazu fallen den Menschen viele verschiedene Ideen ein. Ganz gezielt frage ich dich: „Was ist für dich ein Kind?"

In *The Lelek Idea* sehen wir das Kind als ein ganzheitliches Wesen mit einem physischen Körper, Emotionen und Gefühlen, einer eigenständigen Persönlichkeit, seinen gesamten kognitiven Prozessen und seinem Wissen darum, was es will und was nicht. Unsere Form der Begleitung beruht darauf, die verschiedenen Anteile des Kindes wahrzunehmen und zu erlauben. Wenn wir Kinder auf dem Weg des Heranwachsens begleiten und somit Richtung und Wegweiser sind, so verwendet die Fachsprache dafür den Begriff „Pädagogik". So entwickelte sich im Laufe der Jahre das Wort „TLI Pedagogics" für die Begleitung mit *The Lelek Idea*. Abgekürzt verwenden wir gerne das Wort „TLI".

TLI beschäftigt sich mit der entwicklungssensitiven Begleitung von Kindern. Die Entwicklung des einzelnen Kindes wird berücksichtigt.

Lelek sind 5 Buchstaben. Jeder Buchstabe beinhaltet einen Teil der Haltung und der Philosophie.

L = **L**ebensnah entwickeln
E = **E**rkennen von Stärken
L = **L**eichtigkeit durch Vielfalt
E = **E**rfahrungen sammeln
K = **K**ind-bewusst agieren!

Das sind sozusagen die Hauptmerkmale von *The Lelek Idea,* und wo auch immer *Lelek* gelebt und angewendet wird, stehen diese 5 Grundsäulen im Vordergrund. Sie sind das Material, aus dem alles entsteht. Es ist das Fundament und die Ausrichtung.

Betrachten wir diese 5 Grundsäulen nun getrennt voneinander, um uns ein detailliertes Bild von dem zu machen, was in den Grundsätzen beinhaltet ist.

Lebensnah entwickeln ...

Lebensnah entwickeln setzt sich aus zwei sehr wesentlichen Worten, die *TLI Pedagogics* beschreibt zusammen.

„Lebensnah" und „Entwicklung"

Lebensnah bedeutet, etwas mit allen Sinnen und auf allen Ebenen zu erleben. Es entfernt sich vollkommen von einer theoretischen Entwicklung. So steht die natürliche und aus dem Innen kommende Entwicklung im Vordergrund. Realitätsnahes Lernen hinterlässt signifikante Erinnerungen im Gehirn, die zur Basis allen weiteren Lernens werden. Die Erfahrungen werden im Hier und Jetzt gemacht und die Eindrücke speichern sich tief ein. Lebensnahes lernen und entwickeln braucht individuelle Begleitung, auch in der Gruppensituation.

Unter theoretischer Entwicklung verstehen wir, ein Lernen ohne zu erleben. Sätze wie: „Der Herd ist heiß. Das Messer ist scharf. Die Biene sticht. Der Hund beißt." - werden verwendet, ohne dem Kind eine praktische Erfahrung zu geben. Natürlich bedeutet dies jetzt nicht, dass sich ein Kind die Hand verbrennen soll ...

Lebensnah entwickeln schließt mit ein, dass wir dem Kind Möglichkeiten bieten, Wärme und Kälte zu erleben, ihm die Chance bieten, einem Hund beim Fressen zuzusehen – zu erleben, wie er beißt und wie groß die Zähne sind und wie scharf, sowie auch dem Kind zu zeigen, wie weich das Fell ist und wie der Hund glücklich oder aufgeregt wedelt.

Lebensnah entwickeln bedeutet, dass wir uns selbst, aber auch den Kindern ganz bewusst die Möglichkeit zugestehen, sich in jedem Augenblick zu entfalten. Das beinhaltet, dass wir Wertungen/Wertigkeiten wie richtig und falsch, gut und böse, leicht und schwer – weglassen oder massiv verringern. Es bedeutet, dass wir alles, was jetzt im Augenblick erlebt wird, in den Vordergrund stellen und auch als Grundlage des Lernens für diesen Moment heranziehen.

Findet das Kind zum Beispiel eine Kaulquappe, so erlebt es ganz von selbst die Entwicklung eines Frosches. Diese situationsbezogene Pädagogik kann herangezogen werden, um die Kaulquappe über mehrere Tage zu beobachten, Bilder zu betrachten und Wissen dazu zu sammeln. Sie kann aber auch nur dazu dienen, dem Kind dieses Tier vorzustellen und es benennen zu können.

Das bedeutet „lebensnah" entwickeln!

Lebensnah entwickeln bedeutet auch, keinen Impuls zu setzen, der jetzt in diesem Moment nicht notwendig ist. Es bedeutet, nicht von Gegenständen, Ländern, Menschen und anderem zu reden, die im Moment vom Kind nicht erlebt oder wahrgenommen werden, weil sie nicht in der Existenz des Kindes sind. Es bedeutet auch, keine abstrakten Lehren zu verwenden. So muss zum Beispiel die Kaulquappe nicht sofort in einer Geschichte verpackt zu einem Frosch werden. Aber sie kann, wenn das Entwicklungsinteresse da ist.

Gerade bei Kindern in den ersten Lebensjahren empfehlen wir mit Erlebnissen, die jetzt gerade aktuell sind, zu arbeiten. Sie sind voll und ganz in diesem Moment präsent und können daher in diesem Moment erleben und erfahren. Deshalb versuchen wir mit ihnen genau in diesem Moment zu sein.

Im lebensnahen Entwickeln ist es die Aufgabe des Erwachsenen mit dem Kind den Moment voll und ganz zu erleben und sich gleichzeitig zu überlegen, welche Auswirkungen dieser Moment auf das Kind hat. Dabei ist es wichtig, nicht in der Zukunft zu agieren, sondern im Jetzt. Durch dieses Bewusst-Sein im ‚Jetzt' kann eine Richtung für die Zukunft gegeben werden.

Die Gefahr ist, dass Erwachsene zu viel vorgeben, wenn sie an die Zukunft denken, doch der Moment ist einmalig und einzigartig. Er soll voll ausgekostet werden, sodass er als Samenkorn für die Zukunft dient. Wir können sagen, dass *The Lelek Idea* sehr viel Aufmerksamkeit darauf legt, Samen <u>achtsam</u> in das Beet „Kind" zu streuen und das Wachstum achtsam zu beobachten. Das Wachsen geschieht von ganz allein.

Der Alltag wird zur Spielfläche und zur Erlebniswelt. Wir werden in jeder Sekunde die angebotenen Lebensinhalte nutzen, um uns selbst und das Kind zu bereichern.

So wird der Husten von Opa, das Gemüse im Bioladen, der Hund auf der Straße, der Urlaub am Strand, das Donnerwetter, der Nebel, usw. zum Mittelpunkt des gemeinsamen Seins. Alltägliche Lebenssituationen prägen das Lernfeld des Kindes.

Die Inhalte, die dabei dem Kind zum Erleben angeboten werden, sind von der Umgebung und von den umgebenden TLI-BegleiterInnen geprägt und gestaltet. Das Kind ist der „Schwamm", welcher all die Ideen, Impulse und das Angebotene „aufsaugt". Und doch zeigt es uns schon deutlich sein Entwicklungsinteresse. So nimmt es Impulse, die aus der Umgebung kommen unterschiedlich an. Manche begeistern es und andere wiederum werden nur kurz wahrgenommen.

Jeden Tag erlebst du wie Kinder Alltagssituationen nachspielen (telefonieren, kochen, waschen) und du beobachtest, dass Kinder ähnliche Verhaltensweisen, wie die sie umgebenden Erwachsenen anwenden.

In *TLI Pedagogics* berücksichtigen wir auch die Individualität, denn Kinder sind vollkommen unterschiedlich in ihrer Form der Beobachtung und des Begreifens. Deshalb ist es notwendig, Platz zur individuellen Entwicklung und Entfaltung zu lassen. Es ist davon abzuraten, Kinder gleichen Alters, gleich zu setzen, wenn es um Interessen, Impulse, Spielmaterial oder ähnliches geht.

Je jünger Kinder sind, desto mehr orientieren sich diese auch an kurzen und markanten Impulsen. Sie beschäftigen sich kürzere Zeit mit einem Gegenstand oder einer Idee und wechseln sehr schnell und häufig ihr Interesse und ihren Blickpunkt auf die Umgebung.

Die „natürliche" Wachstumsspirale stellt die Grundlage der *TLI Pedagogics* dar. Sie beschreibt „natürliches Lernen".

1. Der heranwachsende Mensch <u>will</u> lernen und sich entwickeln.

Dieses Interesse kommt aus dem Inneren und wird in *TLI Pedagogics* das Entwicklungsinteresse genannt.
2. Die „natürlich" stattfindenden Entwicklungsabläufe orientieren sich an der Umgebung und den das Kind umgebenden Menschen, sowie Situationen, etc.
3. Die Umgebung, Menschen, Situationen, etc. lösen Impulse im Gehirn des Kindes aus.
4. Wird der Impuls aufgegriffen, so kommt es zur Verarbeitung der Information und des Erlebten. Impulse werden von manchen Kindern angenommen und von anderen nicht.
5. Nur dann, wenn Entwicklungsinteresse besteht, wird das Kind oftmalig und selbständig das Erfahrene wiederholen. So wird der Inhalt verfestigt.
6. Hat die Verarbeitung und Festigung ausreichend stattgefunden, so kommt es zum Desinteresse an diesem Impuls.
7. Das Kind greift einen neuen Impuls auf.

Lebensnah entwickeln bedeutet auch, dass alles im Prozess der Entwicklung ist. Wir erwarten vom Kind keine perfekten, fehlerfreien Handlungen. Wir erlauben dem Kind sich in seinem Rhythmus zu bewegen, zu entwickeln und zu entfalten.

Erkennen von Stärken ...

Der Begriff „Stärken" bezieht sich besonders auf das Entwicklungsinteresse des Kindes. Eine starke Entwicklung passiert durch das Zulassen von Erlebnissen im momentanen Erfahrungs- und Erlebnisfeld.

Der Schwerpunkt unseres täglichen Seins mit Kindern wird dahingehend ausgerichtet, dass wir jeden Tag mit den Kindern nicht einfach nur sind. Wir leben nicht aneinander vorbei, sondern wir leben miteinander. In den ersten Lebensjahren können wir sehr intensiv an einer gesunden und starken Persönlichkeit der Kinder mitwirken. Wir haben die Chance die geistige Ausrichtung der Kinder zu begleiten. Wir können ihnen ethische und moralische Grundlagen an Hand des täglichen Alltags vorleben. Es braucht keine künstlich geschaffenen Situationen. Jeder Tag bietet jedem die Möglichkeit, seine Stärken einzusetzen.

In *TLI Pedagogics* fokussieren wir uns auf die Stärken des Kindes. Wir regen Kinder an, ihre Stärken zu erkennen und auszuleben. Wir wollen die innere Kraft der Kinder nach außen kehren.

Welche Stärken betont werden, wird wiederum vom Erwachsenen wesentlich beeinflusst. Das Kind reagiert auf die wichtigen Bezugspersonen sehr intensiv und wird immer versuchen in Harmonie mit deren Wünschen zu agieren. So wird es den Impulsen der TLI-BegleiterInnen folgen, sich daran orientieren, was gewünscht und was nicht gewünscht ist. Daher ist es eine besondere Aufgabe von Erwachsenen, sei es nun als Eltern oder TLI-BegleiterInnen, sich intensiv zu überlegen, welche Impulse wir zu welchem Zeitpunkt geben.

Nun kommen wir zu jenem Punkt, wo die individuelle Persönlichkeitsentwicklung der TLI-BegleiterIn eine wichtige Rolle in der Begleitung von Kindern einnimmt. Der Erwachsene muss sich genau überlegen: „Wie reagiere ich auf das Kind? Welche Stärken hat das Kind? Wo möchte ich das Kind unterstützen? Wo möchte ich es in eine neue Wahrnehmung begleiten?

Wann setze ich einen Impuls – wann lasse ich das Kind sich frei entfalten? Wo sind meine Grenzen? Wo ist meine Geduld am stärksten? Wann reagiere ich nervös, zu schnell, eingrenzend, zu laissez faire? ... und vieles mehr ...

Jedes Kind wird mit einem unendlichen Potenzial an Stärken geboren. Kinder bringen in diese Welt das Geschenk, sich voll und ganz auf etwas Neues einzulassen, mit. Es ist unsere Aufgabe ihnen diese Möglichkeiten Neues zu erkennen und kennen zu lernen zu bieten und lebensnahes Lernen sowie selbst erleben zu ermöglichen.

Stärken zu erkennen beinhaltet, dass sich TLI-BegleiterInnen auf den Weg machen, eine Form der Achtsamkeit zu erwerben, die Kinder in ihrer Ganzheitlichkeit und Großartigkeit erfassen können. Sie erwerben Intuition, die ihnen die Chance gibt, zum richtigen Zeitpunkt den richtigen Schritt zu setzen.

Um unsere Wahrnehmung zu verbessern, kann Meditation, Yoga sowie die Praxis von Achtsamkeit eine sehr unterstützende Methode sein.

Der Schwerpunkt im Erkennen von Stärken liegt darin, Kinder in ihrem Sein zu begleiten anstatt sie zu belehren.

Leichtigkeit durch Vielfalt ...

Schau dich einmal um. Gerade jetzt, wo du dich befindest - in diesem Moment. Halte inne und erlebe, was dich umgibt. Was ist es? Und vor allem wie viel ist es? Bemerkst du schon wie viele Möglichkeiten zum Erleben vorhanden sind? Wie gut nimmst du wahr? Bemerkst du feine Nuancen in der Umgebung? Kannst du es als Spiel- und Lernfeld erkennen?

Es braucht keine großartigen Spielsachen, um den Kindern eine Vielfalt anzubieten. Das Kind hat Vielfalt in jedem Moment um sich herum, denn nicht nur das angebotene Arbeits- und Spielmaterial bietet dem Kind Lernfläche. Zum Beispiel Asphalt, Wiese/Gras, Erde, Sand, Steine, Wasser, Schnee, Eis, Dampf, Sonne, Schlüssel, Glas, ... sind einige und vieles mehr wird erlebt. In den ersten Lebensjahren kennt das Kind viele Materialien noch nicht, das heißt es erlebt gewisse Sinnesimpulse das erste Mal. Da sich die Bewusstseinsebene der Kinder intensiv verändert und die kognitive, geistige Ebene stark entfaltet, wird auch bereits Erlebtes zu jedem Zeitpunkt wieder neu, anders, intensiver erlebt und wahrgenommen. Wie eine Zwiebel ihre Schalen hat, so vertieft und verinnerlicht das Kind Materialien, Gegenstände, Maße, Entfernungen, Menschen, Emotionen, Inhalte und alles andere in kleinen, sich wiederholenden Schritten und durch wiederkehrendes Erleben.

Deshalb wird ein Kind immer wieder zu einem Objekt, einem Material, einem Spiel und anderem zurück kehren, solange bis es dieses voll und ganz erfasst hat. In *TLI Pedagogics* legen wir daher wenig Augenmerk auf „viel" Spielmaterial. Es wird davon ausgegangen, dass wenige Materialien und Spielsachen eine optimale Basis darstellen.

Zum Spielen und Lernen braucht man nicht Fülle an Spielsachen, sondern man braucht Vielfalt an Ideen. Diese Ideen sind im Kind versteckt. Erwachsene sollen sich zurück nehmen und dem Kind seine Vielfalt ausleben lassen. Das Kind wird alle ihm bereits bekannten Ideen und Impulse aufgreifen und umsetzen. Wenn das Kind wirklich keine Ideen mehr hat, dann kann der Erwachsene gerne weitere Spielimpulse zum gleichen Material anbieten. Die Kreativität des Kindes in seinem kognitivem Heranreifen kann unterstützt werden und soll sich entfalten dürfen. Dies beinhaltet, dass wir - die dem Kind „ureigene" und aus ihm entspringende Kreativität nutzen und zulassen.

Leichtigkeit durch Vielfalt bedeutet auch durch die Fülle an Erfahrungen, an Wissen, Erleben, Aktivitäten und den uns umgebenden Möglichkeiten zu einem wunderbaren sich frei entwickelnden Geschöpf zu werden. Es darf nicht mit Grenzenlosigkeit oder gar einem Leben ohne Einhalt verglichen werden. Sich frei, voll und ganz zu entwickeln ist für Kinder vor allem dann möglich, wenn die Grenzen klar sind und die Regeln transparent. Wenn Kinder wissen, was möglich ist und was nicht, dann ist es einfach für sie diese Regeln und Grenzen einzuhalten. Das verstehen wir unter einem klaren Rahmen. Dazu braucht es Erwachsene, die in der Lage sind, Klarheit zu leben und einen leicht verständlichen, klaren Rahmen vorzugeben. Eine balancierte Umgebung beinhaltet die Chance der Vielfalt und unzähliger Möglichkeiten.

Erfahrungen sammeln ...

Wachstum und Reife passieren durch das Sammeln von Erfahrungen. Jede Erfahrung macht uns zu einem anderen, zu einem besonderen Menschen. Sie verhelfen uns zur Individualität. Die Erfahrungen, die wir machen sind unterschiedlich. Die Emotionen, Erlebnisse, Gedanken, etc. die jeder Einzelne mit den Erfahrungen verknüpft unterscheiden sich. Ob es freudvolle, schmerzliche oder andere Erfahrungen sind ... alles prägt uns und lässt uns anders denken, anders fühlen und anders agieren. Beobachten wir sehr alte Menschen, die viel erlebt haben, so sehen wir, dass diese aus einem vollen Topf von Erfahrungen Ihres Lebens schöpfen. Unsere Lebensperspektiven werden durch die Erfahrungen, die wir gesammelt haben erweitert oder eingeengt.

Unter Begleiten ist zu verstehen, dass wir Kindern die Chance bieten, so viel wie möglich selbst zu erfahren und so frei wie möglich zu erleben.

In *TLI Pedagogics* ist es wichtig, wenig zu prägen und viel Raum zur Selbstentfaltung zu geben. Das bedeutet, dass TLI-BegleiterInnen sowie Eltern weniger vorgeben und mehr hinhorchen und zusehen dürfen. Sie erlauben dem Kind den ersten Schritt – und sind präsent um etwaige Gefahren auszuschließen oder aufzufangen.

Erfahrungen sammeln hilft Entwicklung anzuregen. Dies ist das Motto, wenn wir von Erfahrungen sammeln sprechen. Dazu ist es sinnvoll ein Spielfeld zu bieten, das Erfahrungen auf vielen Ebenen möglich macht. Das Kind soll seine Sinne einsetzen können, es soll schmecken, berühren, riechen, fühlen, hören können - aber auch Gefühle erleben, Intuition einsetzen, sowie beobachten und wahrnehmen oder sensibel erfassen (Über-Sinne). Sind wir in der Lage etwas voll und ganz zu erfahren, so wird dies zu einer nachhaltigen Erinnerung.

Deshalb ist es wichtig, dass Erwachsene den natürlichen Wunsch des Kindes unterstützen. Das Kind will erleben. Das Kind will Erfahrungen machen. Das Kind strebt förmlich vorwärts in das Unbekannte und wir können ihm durch unser Vertrauen, und durch unsere aktive Unterstützung dabei behilflich sein, mehr und mehr Erfahrungen zu sammeln.

Sprechen wir von Erfahrungen, so sprechen wir auch davon ganz besonders achtsam zu sein im Umgang mit unseren Worten. Alles, was das Kind einengt, wie Begrifflichkeiten von „schlecht", „böse", „gefährlich" und ähnliche, sollen vermieden werden. Im sicheren Hafen (mit dem Erwachsenen) kann das Kind sich auf die neuen Herausforderungen einlassen. Wenn Fehler geschehen, so ist es wichtig, dass wir dem Kind das Gefühl geben, dass es jetzt eine ganz besondere Erfahrung gemacht hat.

Es ist in ein Lernfeld eingedrungen, dass zu einer unangenehmen Reaktion auf die Aktion führte, wie z.B. Schmerz, etwas nicht erreicht zu haben, etc. Gemeinsam mit den Kindern betrachten wir dieses Ergebnis neutral – ohne es großartig zu werten. Das Kind hat seine Erfahrung bereits gesammelt. Es hat gehört, gespürt, wahrgenommen und erkannt. Es besteht daher keine Notwendigkeit, dem Kind in langen Sätzen zu erklären, was es in Zukunft zu unterlassen hat, denn die Erfahrung zählt. Mit dem Erlebten ist das Kind verbunden und diese Verbindung ist intensiver als eine theoretische Erklärung des Erwachsenen. Es hat auf vielen Sinnes- und Bewusstseinsebenen wahrgenommen und erlebt.

Kind-bewusst agieren ...

Kind-bewusstes Agieren schließt mit ein, dass wir als TLI-BegleiterInnen uns darüber Gedanken machen, was <u>wir</u> brauchen, um in der Lage zu sein – Kind-bewusst zu agieren.

Das schließt Bildung, *(Ausbildung, Weiterbildung)* und regen Informationsfluss mit ein. Wir werden unser erworbenes Fachwissen, regelmäßig erweitern und mit neuen Informationen ergänzen.

Kind-bewusstes Agieren bedeutet nicht, Modelle zur ordnungsgemäßen Reaktion auf das Verhalten der Kinder, mechanisch zu erlernen und einzusetzen.

Wir machen uns bewusst, dass wir in unserem täglichen Sein mit Kindern an unsere Grenzen stoßen werden. Genau deshalb, weil sie unsere ethischen, moralischen und gesellschaftlichen Regeln, Vereinbarungen, Muster und Strukturen noch nicht kennen, werden die Kinder zu unseren großen Lehrern. Sie fordern uns mit ihrem noch eingeschränkten Wissen über unsere Welt auf, unsere eigenen angewandten Methoden, Regeln, Rahmenbedingungen, Grenzen und anderes zu hinterfragen und immer wieder neu zu überdenken.

Das Kind mit seiner Neugier, der Begeisterung und seinem Entwicklungsinteresse soll uns Lehrer werden. Die Kinder stehen in der TLI-Gruppe im Mittelpunkt des Geschehens. Alles ist dazu da, ihnen eine angenehme und wohlige Atmosphäre in jener Zeit zu verschaffen, wo sie ohne ihre Eltern sind. Die *TLI Pedagogics* vereint die bedürfnisorientierte Pädagogik mit dem Situationsansatz und der Arbeit über Impulse. Bedürfnisse der Kinder sind die Basis von „kind-bewusstem Agieren" und dienen als Richtwert für die Begleitung durch die TLI-BegleiterInnen. Dabei geht es im ersten Schritt vor allem um das Erkennen der Bedürfnisse. Besteht die Möglichkeit ein Bedürfnis zu erfüllen, so soll dies ermöglicht werden. Die TLI-BegleiterInnen überlegen sehr sorgfältig, was dem Erfüllen eines Bedürfnisses wirklich im Weg stehen kann. Bequemlichkeit oder weil es schon immer so war, sind keine Gründe. Strukturen, Abläufe dürfen hinterfragt und überdacht werden.

Die aus Familie, Religion, Tradition, Kultur, sozialem Hintergrund und anderen mitgebrachten Unterschiede werden im begleitenden Erwachsenen unterschiedliche Reaktionen auslösen. Es besteht daher die Notwendigkeit, sich zu beobachten. Wenn wir uns beobachten, dann werden wir selbst erkennen, wie wir auf die unterschiedlichen Aktivitäten, Emotionen, Aussagen des Kindes reagieren. Die Frage: „Wie reagiere ich auf die Kinder und ihre Aktionen?" ist jene, die für Kind-bewusstes Agieren wiederholt reflektiert werden muss.

Unsere Handlungen und unsere eigenen Emotionen werden wir sehr regelmäßig (am besten täglich), selbstbewusst und achtsam reflektieren. Das, was wir erkennen, bietet uns Möglichkeiten für die Zukunft mit den Kindern. Bitte erkenne, dass die Betonung auf der Notwendigkeit sich jeden Tag zu reflektieren liegt. Reflektiere Dich und bringe dich dadurch in die Situation kind-bewusster agieren zu können. Diese Reflexion wird dir eine neutrale und fundierte Basis für deine Tätigkeit bieten.

Reflexion kann viele Fragen beinhalten. Bitte bedenke, dass nur die Reflexion dir dabei hilft, Verhaltensweisen und Reaktionen zu erkennen. Das Erkennen wird dir dazu verhelfen, dass du diese Thematiken aufgreifen kannst. Oftmals reicht das Erkennen bereits aus, um den ersten Schritt in die Veränderung zu setzen. Manchmal entdecken wir an uns selbst, dass bestimmte Verhaltensmuster sich immer wiederholen. Diese können mit professioneller Hilfe und persönlichkeitsbildenden Maßnahmen verändert werden.

Das Kind-bewusste Agieren muss sich im Erwachsenen tief verankern. Es ist mit seiner Persönlichkeit und seiner Form sich auszudrücken sehr stark verbunden. Wollen wir uns bewusst am Kind orientieren, dann beinhaltet dies wiederum ein sich Zurücknehmen beim Erwachsenen.

Es bedeutet auch, dass TLI-BegleiterInnen genau erkennen dürfen, wo sich jedes einzelne Kind - genau in diesem Moment befindet. Kind-bewusst ist nur dann, wenn wir es schaffen, jedes einzelne Kind dort abzuholen, wo es jetzt gerade Freude an der Entfaltung zeigt. „Kind-bewusst" kann daher auch als „am Kind orientiert" oder „am Bedürfnis des Kindes orientier" bezeichnet werden. Manche Bedürfnisse werden wir nicht erfüllen können, aber sie sollen immer wahrgenommen und ernst genommen werden. Kinder, die sich respektiert und ernst genommen fühlen, werden Grenzen und Regeln verstehen und akzeptieren.

Kurz zusammengefasst, worum geht es in den Grundlagen von *The Lelek Idea*?

- Gib die Chance des Augenblicks
- Habe ein sicheres, transparentes und klares Regelmodell und einfache, wenige Rahmenbedingungen
- Erlaube den Kindern sich voll und ganz zu entfalten
- Biete Möglichkeiten für Kinder ihre Stärken zu erkennen
- Nutze die Vielfalt des natürlichen uns umgebenden Angebotes als Wachstums- und Entwicklungsfläche des Kindes
- Rege die Sinne und Über-Sinne des Kindes an
- Sei mehr anwesend und weniger Animateur
- Schätze die Lust des Kindes Erfahrungen zu sammeln und begeistere es dies weiter und mehr zu tun

KAPITEL 2
DER ERWACHSENE UND DAS KIND
... DIE BEGEGNUNG

Wenn Kinder gute Begleitung haben, dann fühlen sie die darin liegende Freiheit. Das Kind ist frei, wenn es sich anhalten kann, wenn es möchte und frei gehen darf, wenn es das schon kann und will.

Das Wort „Pädagogik" stammt aus dem griechischen. Das Wort „*Padeia* = Erziehung oder Bildung" ist eines der Wurzelwörter unserer heute bekannten Pädagogik. Das griechische Wort *padeia* kann auf zwei Wörter zurück geführt werden: *Pais* = Kind und *Agein* = führen.

Heute hat sich die Pädagogik gemeinsam mit der Erziehungswissenschaft zu einer akademischen Kultur weiterentwickelt. Es ändert aber nichts daran, dass immer noch die Menschen die Kinder auf ihrem Weg des Heranwachsens begleiten und führen. Dabei ist besonders darauf zu achten, dass all die Akademisierung nicht zu einer Entfremdung der pädagogischen Fachkräften auf der emotionalen Ebene führt. Wenn diese beginnen, Kinder mehrheitlich aus der Sicht des akademischen Wissens zu betrachten, so wird dies zu einer Entwicklung von ungebundenen Menschen oder Menschen mit instabilem Bindungsverhalten beitragen.

Was meine ich damit?

Sicher hast auch du schon bemerkt, dass Kinder immer früher in die Betreuungseinrichtungen kommen. Dort verbringen sie meist dreißig bis fünfzig Stunden in der Woche. Das betrifft bereits ein- bis dreijährige Kinder. Die Bindung zwischen Kind und Eltern steht somit ebenfalls neuen Herausforderung gegenüber. Vielen Menschen ist es nicht bewusst, dass durch eine zu starke Institutionalisierung bereits die erste Ent-sozialisierung unserer Gesellschaft geschieht. Zu beachten dabei ist, dass dies nicht für jedes Kind und nicht für jede Situation gilt. Im Kapitel zu den Rahmenbedingungen werde ich auf diese Aussagen genauer eingehen. Im Teil der wissenschaftlichen Auszüge findest du mehr Information von Experten. Auch im Kapitel „Eingewöhnung" werde ich nochmals genauer darauf eingehen.

Was ist die Idee der *TLI Pädagogik*?

TLI Pedagogics lässt Erwachsene ständig nachdenken, reflektieren. Dabei ist es wichtig, nicht an der Oberfläche zu bleiben, sondern in die Tiefe zu denken. Die Grundbedürfnisse des Menschen und die Rechte von Kindern sind dabei grundlegende Werkzeuge, die als Basis unserer Pädagogik dienen sollen. *TLI Pedagogics* bleibt beim Ansatz, dass es unsere Aufgabe ist, Kinder auf dem Weg ihres Heranwachsens zu begleiten. Sie beruht darauf, Kinder auf ihrem natürlichen und von innen kommenden Entwicklungsweg zu begleiten und sie als ernstzunehmende Wesen mit Respekt und Wertschätzung zu behandeln *(Mehr dazu im Kapitel Begleiten und Leiten)*.

Dazu brauchen wir die Begegnung?

TLI Pedagogics regt an, vor allem die Aufmerksamkeit dorthin zu lenken, wo Begegnung passiert. Fragen wie: „Ist das Kind berührt, begeistert? Sind die Sinne aktiv und involviert? Gibt es eine Reaktion auf gesetzte Impulse und auf das zur Verfügung stehende Umfeld (Gegenstände, Menschen, Tiere, Pflanzen, etc.) ? Welche Emotionen hat der Impuls und das Umfeld ausgelöst? Hat das Kind diese ausgedrückt und mit jemandem geteilt? Auf wie vielen Ebenen ist das Kind berührt? Auf wie vielen Ebenen habe ich das Kind mit einem Impuls erreichen können? Konnte ich einen Schritt zur Entfaltung und Weiterentwicklung erkennen? Kam dieser von Innen oder von außen? Hat das Kinder eine neue Idee verinnerlichen können? Führten Impulse zu weiterem, selbständigem Schaffen? Wäre eine freiere Form des Lernens möglich gewesen?".

Diese Fragen und noch viele mehr sehen wir als die entscheidenden Fragen für die vollkommene Entfaltung des Kindes an. Um diese Fragen beantworten zu können, muss wahre Begegnung zwischen dem Erwachsenen und Kind passieren.

Die Intensität, die du in der Lage bist, mit Kindern zu erleben, hat viel damit zu tun, ob du den Kindern „wirklich" begegnest. Oft sind die Bedürfnisse und Sehnsüchte der Erwachsenen darüber, was aus dem Kind werden soll, das, was die Begegnung beeinflusst und erschwert. So wird der Gedanke: „Was ist ein Kind?" – in *TLI Pedagogics* zur grundlegenden Frage der TLI-BegleiterInnen. In *TLI Pedagogics* soll Begegnung aus einer wertfreien und zielfreien Haltung geschehen. Das Kind soll sich frei entwickeln können. Dazu braucht es Erwachsene, die ihm Freiraum geben können und es in seinem Wachstum nicht einengen oder lenken.

In *TLI Pedagogics* erfolgt Begleiten durch das Lernen am Modell, das Anbieten von Impulsen und das Miteinander leben.

Das miteinander Leben beinhaltet das, was wir den Kindern in den ersten Lebensjahren unbewusst mitgeben. Unser Umgang mit Materialien, Lebensmitteln, Umwelt, Mensch, Tier und Geld, wird das Kind wesentlich prägen. Du kannst dem Kind die besten Verhaltensmuster und – regeln erklären. Wenn du diese nicht vorlebst, dann wird es keinen tiefgreifenden Eindruck hinterlassen. Wir leben bewusst oder unbewusst Bewegungen, Ticks, Abläufe, Gefühle und unseren Umgang damit, Modelle, Ideen, Ideologien, Weltanschauen, Weltbilder, Konflikte und Konfliktlösungen, Umgang mit Medien u.v.m vor. Was wir bewusst oder unbewusst vorleben wird zur Erlebnis- und Bildungswelt der Kinder! Persönliche Prägungen, Konditionierungen und die eigenen Vorstellungen von Leben und Gemeinschaft haben großen Einfluss auf das Kind.

TLI Pedagogics sieht daher die intensive Arbeit an sich selbst beinahe als wichtiger an, als alle pädagogischen und didaktischen Wissensvermittlungen. Wir dürfen unsere Einstellung zur Welt und Umwelt im allgemeinen, zu unserem sozialen Umfeld und wie wir damit umgehen sowie zu materiellen Werten hinterfragen. Diese werden wir den Kindern weitergeben und unbewusst in ihre Gedankenwelt tragen. Dies wird zur Wurzel des weiteren Tuns des heranwachsenden Menschen.

Die Fragen, die sich Erwachsene in der täglichen Begegnung mit Kindern stellen sollen, sind: „Kann ich, so wie ich denke, fühle und bin, das was ich Kindern weitergeben möchte, vermitteln?" In manchen Bereichen werden wir erkennen, dass unser Selbstbild mit dem Fremdbild auseinander triftet. Uns selbst zu hinterfragen und zu korrigieren sind wichtige Teilbereiche des erzieherischen Wirkens. Stell dir die Frage: „Was muss ich tun, um diese Lebensweisen zu erlernen? Wo erhalte ich die richtigen Ideen und Hilfsmittel für meine Entwicklung? Was brauche ich?". Fragen leiten Denkprozesse ein und führen so zu den Lösungen.

Sehr oft fühlen sich Menschen in pädagogischen Berufen nicht wohl oder sind mit dem eigenen Wirken nicht glücklich . Durch ständige Reflexion haben viele TLI BegleiterInnen erfahren, dass dies vor allem an ihrer eigenen Authentizität liegt. Die Authentizität wird die Schönheit der Arbeit mit den Kindern bringen. Kinder lieben authentische Menschen und verbinden sich mit diesen gerne und schnell. Die authentische Begegnung ist eine andere - eine wahre. Das Leben von Authentizität und Begegnung im Begleiten einer Kindergruppe führt ebenfalls dazu, dass die TLI BegleiterInnen nicht selbst so viel Kraft und Energie verlieren.

Ich höre immer wieder pädagogische Fachkräfte erzählen, dass „mit Kindern arbeiten, viel Kraft und Energie raubt." Nach der Arbeit fühlen manche sich erschöpft und ausgelaugt. Sie sind müde und brauchen Zeit sich zu regenerieren. Die TLI BegleiterInnen hingegen erzählen von einer stillen Zufriedenheit, die sie mit nach Hause nehmen. Sie sind erfüllt und kräftig.

Wie kommt es zu diesem harmonischen Miteinander, bei dem die einzelnen Aspekte umgesetzt werden können? Es ist der natürliche Fluss, der automatisch und ohne großer Anstrengung da ist, wenn Begegnung passiert. Die täglichen Momente, Phasen oder Situationen im Leben mit den Kindern können somit anders und intensiver erlebt und gestaltet werden.

Genau so soll es sein. Sich zu begegnen hat nichts mit Anstrengung zu tun. Dennoch erfordert es Übung, ein gewisses Ausmaß an Wahrnehmung, Konzentration und Achtsamkeit. Im Laufe der Zeit wird es zu einem ganz natürlichen Ablauf.

Ein wichtiger Aspekt dabei ist das „in Beziehung treten" des Erwachsenen mit dem Kind. Es braucht eine sichere, stabile Vertrauensbasis zwischen den beiden. Im Falle von Eltern wird diese Basis vom Tag der Geburt an gewoben und gestärkt. Alles, was beide miteinander erleben, wird als Information gespeichert und gilt somit auch als Basis für die Fähigkeit „in Beziehung zu treten" oder nicht. Beziehung ist nicht gleich Beziehung. Sich mit dem Kind auf einer Ebene zu treffen, braucht eine gute, stabile und durch Vertrauen gestärkte Basis. Der Erwachsene sieht sich dem Kind gleichwertig und nicht mehrwertig. Das erzieherische Handeln ist nicht von der Idee des Erziehen-müssens, sondern vom respektvollen aneinander wachsen und lernen geprägt. Mit jedem Kind wächst auch der Erwachsene. Im Falle einer sekundären Bezugsperson, wie z.B. Oma, Opa, Tante, Tagesmutter, BetreuerIn, BegleiterIn, u.ä. ist der erste wichtige Schritt in der Begegnung - diese Beziehung aufzubauen und herzustellen.

Auch Eltern, die im Moment keine intensive Beziehung zu ihrem Kind hergestellt haben, können durch die Begegnung aktiv an der Beziehung zueinander arbeiten.

Also, du beginnst mit der Beziehung.

Überlege dir, welche Beziehung hast du zu jedem einzelnen Kind; und was daran ist bereits in einer reinen Energie? Was verstehen wir unter reiner Energie? Alle jene Zusammentreffen im Laufe eines Tages oder einer Zeitspanne, wo du mit den Kindern in einem harmonischen Miteinander bist, bezeichnen wir als reine Energie. Diese Momente schaffen die Basis zwischen dir und den Kindern.

Die Verbindung wird mit einer starken, liebevollen, respektvollen, harmonischen Energie aufgeladen und sowohl du, als auch das Kind empfinden solche Momente als Freudenmomente oder als ein harmonisches Beisammensein. Je mehr dieser Momente du am Anfang einer „Beziehung" mit dem Kind erlebst, desto stärker wird die Basis der reinen Energie und desto besser und einfacher kannst du auch später Grenzen aufzeigen, Regeln abstimmen und richtungsweisende Impulse geben.

Als sekundäre Bezugsperson empfehlen wir, ausreichend Zeit damit zu verbringen, eine sehr gute reine Beziehung aufzubauen und am Erhalt dieser ständig zu arbeiten. Du trittst mit dem dir gegenüber stehenden jungen Menschen in Beziehung. Dieser ist noch klein an physischem Köper, aber die Augen sind voller Leben und strahlen vor Wissbegierde. In Beziehung treten bedeutet in *TLI Pedagogics* da zu sein, zu beobachten, zuzuhören, mitzuwirken, wahrzunehmen, sich einzulassen und voll und ganz präsent zu sein. Wenn du es über einen längeren Zeitraum schaffst, voll und ganz präsent zu sein, so wird sich die Stimmung zwischen dir und den Kindern vollkommen verändern. Du bist einfach nur anwesend und voll und ganz mit dabei, auch wenn du gerade nichts sagst.

In Beziehung treten bedeutet auch, jedem Kind mit großem Respekt gegenüber zu treten und es in seiner Besonderheit „als Kind" ernst zu nehmen, zu unterstützen und zu nähren. Auch dazu ist nichts Besonderes zu tun. Wir sprechen vor allem davon, dass du deine Einstellung zur Begegnung und dem, was Begegnung ist, änderst. Ich habe schon mehrmals darauf hingewiesen, dass es die Haltung zum Kind ist, die hier eine wesentliche Rolle spielt. Mit dieser neu gewonnenen, gedanklichen Einstellung begegnest du nun den Kindern – wenn möglich in jedem Moment. Das ändert die Grundschwingung zwischen dir und den Kindern. Du bist noch immer damit beschäftigt eine „gute" und stabile Basis zu bauen. Du bist nicht der Akteur und doch bist du aktiv auf allen Ebenen.

Die *Lelek Philosophie* der *TLI Pedagogics* manifestiert sich zu einem großen Teil durch deine Grundeinstellung zum Kind. Streiche aus deinem Denken die Idee von einem hilflosen, kleinen Lebewesen, das du jetzt formen musst, damit es in der Lage ist, in dieser Gesellschaft zu leben und zu überleben. Es ist auch kein leeres Gefäß, das wir zu befüllen haben. In gewisser Weise hast du natürlich recht - das Kind wird sich durch unser Einwirken formen. Aber es darf nicht zu unserem einzigen Fokus werden.

Betrachtest du das junge Kind als ein Wunder der Schöpfung? Du siehst es als ein aktives Lebewesen, dass lern- und wissbegierig ist. Lernen geschieht in jedem Moment, nicht nur dann, wenn wir ihm Lernmöglichkeiten anbieten. Lernen beinhaltet das Erfahrungen sammeln auf allen Ebenen nicht nur im Wissensbereich. So ist das Kind auch sehr daran interessiert emotionelle und soziale Lernerfahrungen zu sammeln. Du erlebst das Kind als neugierig und aktiv. Es wird alles durchforsten, alles an (be-) greifen, alles (be-) schmecken und alle Erfahrungen mit dir teilen wollen. Vermutlich wirst du ein wenig empört denken oder vielleicht sogar aussprechen: „Diese Grundeinstellung ist ja selbstverständlich!" Ja, sehr oft können wir diese Einstellung aufrecht erhalten bis zu jenem Moment, wo wir durch das Kind einer Herausforderung und unseren eigenen Grenzen begegnen. Dann dürfen wir achtsam sein, um nicht in das „belehren" zu schlittern. Belehren beinhaltet die Einstellung, dass wir eine höhere Instanz sind als das Kind.

Für die TLI-BegleiterInnen ist die Frage, wie wir dem Kind begegnen, wenn wir mehrere Tage versuchen eine gewisse Ordnung aufrecht zu erhalten, Regeln und Konflikte begleiten und es einfach nicht klappt. Oft führt eine Folge an Ereignissen dazu, dass es zu einer Kunst wird die Grundeinstellung zu den Kindern aufrecht zu erhalten. Erlaube dir ein Mensch mit authentischen Gefühlen zu sein und auf deine innere Stimme zu hören. Manchmal neigen wir dann dazu, die Kinder zu kategorisieren und sie mit unseren erlernten Modellen einzustufen. Ordnen wir das Kind in eine Schublade ein, so nehmen wir ihm die volle Entfaltungsfähigkeit weg. Wir haben auch nicht mehr die Chance, dem Kind auf die gleiche Weise zu begegnen und werden Begegnung auch immer mehr vermeiden. Das ist eine sehr kritische Zeit, wo tägliche Selbstreflexion notwendig ist. Auch eine Auszeit, kürzere Arbeitstage, längere Pausen, Unterstützung durch die KollegIn u.v.m. können dabei helfen, neue Wege der Begegnung zu ermöglichen. Begegnung ist gerade hier wichtig und heilsam.

Manchmal vermeiden Erwachsene auch die Begegnung mit dem Kind aus Angst vor den eigenen Emotionen. Was wird da hoch kommen, wenn wir uns tief in die Augen schauen und so richtig in Berührung kommen? Welche Gefühle werden in uns wach, wenn wir an unsere Grenzen stoßen und noch immer voll und ganz in der Begegnung mit dem Kind bleiben? Manchmal haben wir Angst vor unserer eigenen Reaktion und treten deshalb aus der Begegnung heraus. Wenn wir erkennen, was uns zurückhält, dann können wir Schritt für Schritt daran arbeiten, diese inneren Ängste zu überwinden.

In der Begegnung existieren Werte aber keine Bewertung!

Das Wort Bewertung beinhaltet das Wort „werten". Kinder werten nicht. Sie kennen das Modell von Wertung nicht. Sie nehmen es erst dann an, wenn wir es Ihnen vorzeigen und vorleben. Das Kind ist einfach nur in diesem Moment voll und ganz perfekt. Es ist für das Kind auch ganz normal sich zu entwickeln. Es denkt nicht darüber nach, ob es sich gemäß der entwicklungspsychologischen Tabellen entwickelt oder ob es sich in der Norm oder außerhalb der Norm befindet. Kinder haben diese Ideen und Konzepte noch nicht.

Kinder brauchen diese Konzepte nicht und können sehr wenig damit anfangen. Was Kinder brauchen sind starke Werte. Werte haben mit Bewertung einer Situation, einer anderen Person als richtig, falsch, gut, schlecht, böse, usw. sehr wenig zu tun. Wenn du dich darauf fokussierst starke Werte mit den Kindern zu erarbeiten, dann wird Bewertung immer weniger wichtig werden. Natürlich schließt das nicht aus, dass es wichtig ist, Kindern zu erklären, dass manches, das getan wird verletzend ist, Ungerechtigkeit nährt, ein anderes Leben gefährdet, etc. Das Erklären wird vor allem von Kindern ab dem dritten Lebensjahr freudig aufgenommen und auch kognitiv verstanden. Der Fokus bleibt jedoch immer bei dem Erkennen der Stärken und der Werte. Die Frage ist vor allem: „Wenn so nicht – wie dann?" Es bedarf einer großen Portion an emotional-sozialer Entwicklung sich in einer Zeit wo schneller Konsum und somit schneller Werteverlust vorrangig sind, diese nachhaltige Richtung einzuschlagen. Was es auf jeden Fall beinhaltet ist die Chance, Kindern zu einem gesunden Selbstwert zu verhelfen und ihnen klar zu machen, dass sie nicht alles können müssen um richtig und geliebt zu sein. Auch Mitbewerb *(Konkurrenzkampf)* und das andauernde Kämpfen darum, es besser zu machen, größer zu sein, schneller zu sein, reduzieren sich massiv.

Da Kinder sich in diesen ersten Lebensjahren an dem orientieren, was du als richtig, gut und korrekt vorgibst, ist die Haltung zum Leben, zur Welt und den Geschehnissen sehr wichtig. Junge Kinder brauchen es nicht – sich zu vergleichen. Unsere Zukunft wird eine harmonischere werden, wenn wir damit aufhören, Kinder von Geburt an zu vergleichen und ihnen das Modell des sich Vergleichens schon in den ersten Lebensjahren zu vermitteln. Die Entwicklung des Kindes soll im eigenen Tempo, ganzheitlich und nachhaltig geschehen dürfen. Dazu ist es wichtig, dass jedes Kind bei sich bleiben darf und auf sein Wachstum zentriert ist. Dies ist ein wesentlicher Punkt, der in der Friedenspädagogik aller Modelle Einzug finden soll. So kann jedes Kind in den wesentlichen ersten Jahren sich selbst und seine Bedürfnisse kennenlernen. Nur, wenn wir unsere Bedürfnisse kennen, können wir im nächsten Schritt gute soziale Bindungen mit Freunden und Spielgefährten eingehen. Die Form der Entwicklung von „Starken Werten" und einem gesunden Selbstwert kann zu einem einfachen Fließen führen, in dem Kinder sich mitfreuen, wenn andere Kinder etwas gut machen, mithelfen, damit andere Kinder auch das Ziel erreichen, mitarbeiten, weil Sie sich als ein Teil des Ganzen verstehen. Denn diese Kinder sind in der Fülle ihrer eigenen Fähigkeiten und Stärken. Sie leben nicht im Mangel. Sie müssen nicht um die Anerkennung kämpfen und darum wertvoll zu sein. So ruhen sie stressfreier in sich selbst. Nähren wir „starke Werte" nicht nur in den ersten Lebensjahren, sondern auch in der Schulzeit, so hat diese Generation die Chance diese Fähigkeiten zu erhalten und in das Berufsleben und Familienleben mitzunehmen.

Wertevorstellungen in einer guten Begegnung sind nährend und fördern die Weiterentwicklung des Kindes. Durch gute Begegnungen unterstützt du das Kind in seiner Beziehungsfähigkeit. Das Kind spürt die Erlaubnis seine eigenen Vorstellungen, seinen Willen und seine Bedürfnisse auszudrücken. Ermögliche es jedem Kind sich von dem Punkt weiter zu entwickeln, wo es sich gerade befindet. Diese Entwicklung kann durch den Erwachsenen gefördert oder angeregt werden. Anregungen sollen nur dann gegeben werden, wenn dazu eine Notwendigkeit besteht *(wenn die „selbstgesteuerte" Entwicklung nicht oder nur wenig passiert)*. Letztendlich wird das Kind den Grad an Reife und Entwicklung erreichen und einnehmen, der für sein Leben in dieser Welt wichtig und notwendig ist. Im natürlichen, bedürfnisorientiertem Umfeld entwickeln sich Kinder gerade in den ersten Lebensjahren schneller als in einem vorgegebenen, standardisiertem Rahmen, der für alle gleich ist. Gerade in den ersten Jahren sind Kinder ungleicher denn jemals danach.

Es ist die Aufgabe unserer Gesellschaft zu lernen, dass ein Geschöpf nicht als mehr wert bezeichnet werden soll, wenn es einen Doktortitel hat oder als weniger wert, wenn es sich entscheidet die wunderschönen weißen Rosen draußen im Garten als Gärtner zu jäten und zu pflegen. Wenn wir also von „in Beziehung gehen" reden, dann reden wir davon, Kindern mit genau dieser geistigen Haltung entgegenzutreten und ihnen die Einzigartigkeit zu erlauben. Dies wird eine Kraft zwischen Erwachsenen und Kind entstehen lassen, dass eine fantastische Basis für Leben und Lernen darstellen kann. Erlaube dir die Grundhaltung, das Heute, Hier und Jetzt mit den Kindern voll auszukosten. Du kannst mit großer Freude jede Situation erleben und dabei selbst großen Spaß und Enthusiasmus erfahren. Wir erlauben den Kindern ihre Individualität auch wenn es ein Balanceakt für die TLI BegleiterIn ist. Es geht noch immer um die Kernbotschaft der Beziehung. Du baust eine Beziehung auf. Auch wenn du vielleicht nicht in der Lage bist, diese Grundeinstellung durch den ganzen Tag zu leben, so ist es doch diese Grundenergie, die zwischen dir und den Kindern eine Form des Vertraut-Seins aufbauen wird.

Die Begegnung ...

Erwachsener und Kind begegnen einander. Begegnung passiert auf vielen Ebenen. In den ersten beiden Lebensjahren *(manchmal bis zum dritten Lebensjahr)* haben Kinder noch keine oder wenig Fähigkeit der Selbstregulation ihrer Emotionen erworben. Gute Begegnungen helfen dem Kind dabei seine eigenen Emotionen zu stabilisieren. Auch ältere Kinder erreichen über die gute Begegnung eine gewisse innere Zufriedenheit. Sogar Erwachsene erleben gute Begegnungen als friedvoll und kraftbringend. Um Begegnung zu ermöglichen, sind einige Schritte notwendig. Erstmals ist es wichtig auf einer Augenhöhe zu sein. Es ist daher empfohlen, sich auf die Ebene des Kindes zu begeben. Das heißt, das Spiel am Boden wird zu einer ganz normalen Aktivität während das Spiel beim großen Tisch Entfernung und Abstand aufbaut. Immer, wenn intensive Begegnung stattfindet, sollen keine großen Gegenstände zwischen dir und dem Kind sein. Was auch immer die Begegnung blockieren könnte, soll entfernt werden. Wenn Interaktion passiert, so soll diese frei zwischen den beiden stattfinden können. Eine kleine Gruppe an Kindern oder Kind/er und Erwachsener können zum Beispiel in einem Kreis beisammen sitzen, auf einer Matratze kuscheln, auf dicken Pölstern oder Kissen hocken, etc. Je jünger das Kind, desto mehr Körperkontakt und Nähe möchte es. Je älter das Kind, desto mehr FreiRaum wird es sich wünschen.

Das Kind und der Erwachsene haben somit die Chance sich auf gleicher Ebene zu begegnen. Dies muss nicht immer so sein, aber es soll immer wieder geschehen und es soll täglich Zeiten des gemeinsamen in Begegnung-gehens angestrebt werden. Damit Erwachsenenkörper sehr lange und gesund diese Positionen einnehmen können, braucht es gute Kissen, ergonomische Hocker. Meditationskissen, Schemel, Kippelholz, Gymnastikbälle, höhenverstellbare Sessel, etc. Es ist wichtig, dass es dir gut geht, denn dann kannst du entspannt mit dem Kind ‚sein'.

Begleiten braucht regelmäßiges und gutes Beobachten, regelmäßige und intensive Begegnungen, ausreichend Zeit um auf jedes Kind individuell einzugehen, einen klar ausgesprochenen Rahmen sowie eine gute Intuition und Achtsamkeit. Das achtsame Wahrnehmen und Beobachten wiederum braucht die Begegnung mit dem Kind. Lebe Präsenz in der Aktion vor. Sei voll und ganz bei dem, was du gerade tust und sei voll und ganz beim Kind. Dies stärkt die Begegnung, wenn wir mit dem Kind in Interaktion gehen oder in eine Aktivität eintreten. Diese Präsenz ist eine Anwesenheit zu 100 Prozent. Es ist nicht einfach schnell etwas mit dem Kind zu tun. Es heißt all seine Gedanken, sein Fühlen und das Tun auf das Kind und das, was nun in diesem Augenblick passiert auszurichten. So werden tägliche Aktivitäten, wie zum Beispiel Windeltausch, Hände waschen, etc. zu einer berührenden gemeinsamen Tätigkeit. Es ist ein wesentlicher Bestandteil des gemeinsamen Lebens, diese Aspekte in den Alltag zu integrieren. Natürlich ist es ganz normal, dass wir mit unseren Gedanken abschweifen, dass wir beginnen, Dinge einfach nebenbei zu tun und dass wir dem Kind nur mit „halbem Ohr" zuhören. Ich ermutige dich hier, immer wieder in die Achtsamkeit zu kommen, ganz bewusst hinzuhören, ganz bewusst hinzusehen und ganz bewusst wahrzunehmen.

Wenn wir sehr gut wahrnehmen, wenn wir das Kind spüren, dann geschieht Begegnung. Wenn diese Begegnung passiert, dann sind wir ganz intensiv mit dem Kind in Beziehung getreten. Es ist nun möglich über diese starke Bindung viele Situationen und Alltagsherausforderungen, wie z.B. Regeln oder Grenzen setzen sehr gut und relativ harmonisch zu durchwandern. Durch gute Begegnung im Laufe des Tages knüpfen wir ein Band zu jedem einzelnen Kind und können somit ein harmonisches Miteinander erreichen. Gerade wenn es Streit, Meinungsverschiedenheiten gibt, oder Kinder unsere Grenzen testen und aktiv an unsere Grenzen stoßen – braucht es neben dem klaren Rahmen auch viele gute Begegnungen. Wenn Kinder sich reiben, dann löst sich langsam das „unsichtbare" Band (die stabile Bindung), das wir geknüpft haben. Wird dieses Band durch Konflikte, Stress, Ärger, Ängste, etc. schwächer, so kann es zu Disharmonie in unserer Beziehung kommen. Gute Begegnungen können dies wieder stabilisieren.

In der Begleitung von sehr jungen Kindern ist es daher notwendig, dass wir uns Ankerpunkte überlegen. Die Möglichkeit soll gegeben sein. Wichtig ist dabei zu erkennen, dass alle Kinder diese Möglichkeit des sich Ankerns brauchen und daher mehrere Alternativen angeboten werden sollen. Räume bieten oft ganz natürliche Ankerplätze. Diese lernt es am besten während der bewussten und sanften Eingewöhnungsphase mit der Primärbezugsperson (Mutter, Vater) kennen (*siehe Kapitel Räume*). Aber nicht nur der Raum soll ankern. Dem jungen Kind ist es sehr wichtig, den Erwachsenen als Ankerpunkt zu haben. Da mehrere Kinder zu ankern sind, ist ein Abschweifen der Aufmerksamkeit von der Gruppe kaum möglich. Begegnung erlaubt FreiRaum! Stabile Beziehungen brauchen kein ständiges Miteinander agieren. Ist das Kind durch gute Begegnungen geankert, so beschäftigt es sich sehr gerne auch mit sich selbst, einem Spiel oder Impuls. Wird das Kind unruhig und sucht die Nähe des Erwachsenen, so kann eine gute Begegnung das Kind schnell wieder stabilisieren. Eine kurze Interaktion reicht hier oftmals schon aus.

Fassen wir zusammen:
- Trete dem Kind mit großem Respekt gegenüber
- Baue eine sichere, stabile Vertrauensbasis – eine Beziehung des Vertraut-Seins und des sich Verlassen-Könnens auf
- Nutze alles, was bereits in reiner Energie ist
- Sei voll und ganz präsent
- Deine Anwesenheit kreiert die Grundschwingung
- Begegne dem Kind voll und ganz, sei voll und ganz in diesem Moment
- Habe täglich gute Begegnungen

KAPITEL 3
DER ERWACHSENE ALS BEOBACHTER

Beobachten ermöglicht gute Begegnung!
Gute Begegnung ermöglicht gute Begleitung!

Beobachtung, Begegnung und Begleitung sind die drei B's der *TLI Pedagogics*. Sie stellen die wesentliche Grundlage für gutes Gelingen dar. Eltern und TLI-BegleiterInnen werden während ihrer Tätigkeiten und ihrem Sein mit den Kindern zu Beobachtern.

In der Begleitung von Kindern durch die ersten Lebensjahre möchte ich dich ermutigen, nicht zu sehr pädagogischer Experte mit theoretischem, akademischem Wissen zu sein. Das Bewusstsein soll sich dahingehend ausrichten, dass wir uns in der Rolle als BegleiterInnen eines jungen Lebens sehen und verstehen. Wenn wir in jedem Augenblick den Fokus darauf halten, jetzt für die Kinder BegleiterIn zu sein, dann werden wir ganz natürlich bestimmte Verhaltensweisen und Angebote verändern. Es wird sich die Wichtigkeit der Dinge, die wir tun, verändern. Wir werden andere Schwerpunkte und andere Prioritäten setzen. Wir sind aktive Zuseher und stellen uns selbst im Tagesgeschehen in den Hintergrund, um dem Kind den Platz zur natürlichen Entwicklung zu lassen.

Begleitende Personen nehmen sich im Laufe des Tagesgeschehens immer wieder zurück und werden passiv. Sie sind anwesend aber nicht andauernd aktiv. Im Mittelpunkt steht das Kind und seine Aktivität. Es ist wichtig, einen Teil seiner Aufmerksamkeit bei den sich allein beschäftigenden Kindern zu haben, sodass in jedem Moment unterstützend eingegriffen werden kann, wenn darum ersucht wird. Es hat viele Jahre gedauert, bevor ich in der Lage war, diese Form der Begegnung mit Kindern zu leben. In dieser Weise ist Beobachtung sehr gut möglich.

Bei der Beobachtung versuchen wir den aktuellen Ist-Zustand des Kindes wahrzunehmen. Als Grundlage des Beobachtens dient in der *TLI Pedagogics* die wahrnehmende Beobachtung. Sie wurde von Prof. Dr. Gerd E. Schäfer grundlegend festgelegt und in der *TLI Pedagogics* erweitert. Dabei nähern wir uns dem kindlichen Denken. Wir versuchen uns in die Vorstellung und das Verstehen des Kindes hineinzuversetzen und mit den Augen des Kindes zu beobachten. Wir sind uns beim Beobachten bewusst, was dieses Kind – auf Grund seiner bereits stattgefundenen Entwicklung und seiner Erlebniswelt und Erfahrungen in der Lage ist zu erkennen, zu verstehen und umzusetzen. Basis in *TLI Pedagogics* ist die Entwicklungssensitivität. Wir gehen davon weg, Kinder auf Grund ihres Alters zu beobachten sondern möchten bestmöglich das Entwicklungsinteresse des Kindes wahrnehmen und seine Absichten erkennen und verstehen. Wir möchten die Gedanken des Kindes bestmöglich nachvollziehen können.

Wann auch immer wir einen neuen Entwicklungsmoment wahrnehmen notieren wir dies. Aus der Neurobiologie wissen wir, dass Menschen unterschiedliche Lernfähigkeiten haben. Manche Menschen sind sogenannte neuronal langsame und andere neuronal schnelle Lerner (Definition V. Birkenbihl). Damit Information, Erfahrungen und alles Neue besser im Gehirn verankert werden kann, brauchen Kinder ihre Zeit und ihre ganz eigene Geschwindigkeit. Schon in den ersten Lebensjahren entwickeln sich Lernstrategien.

TLI BegleiterInnen entwickeln die Feinfühligkeit, rechtzeitig zu erkennen, wann Bedarf besteht, ein Gespräch zu suchen, für ein Kind da zu sein oder einzugreifen oder dem Kind Freiheit zu geben. Alles soll in dem momentanen Augenblick ausgedrückt werden. Ist eine Situation vorbei, so soll das Geschehene einfach vorbei ziehen dürfen und Neuem begegnet werden. Fühlt die TLI BegleiterIn dennoch die Notwendigkeit eine Situation nach zu besprechen, so kann diese spielerisch nochmals kreiert werden und dann in diesem Augenblick besprochen werden. Dazu bieten sich viele Möglichkeiten wie Geschichten, Puppen, Lieder, Werkzeuge und verschiedene didaktische Methoden an. Der Fokus ist auf das „lebensnahe" Entfalten zu legen und dem Kind in seiner möglichen Erlebniswelt zu begegnen.

Gerade in Konfliktsituationen kann dieser Ansatz in unserer Welt für mehr Frieden der Menschen untereinander sorgen. So können wir an Hand der Kinder lernen, etwas vollkommen loszulassen wenn es in der Vergangenheit liegt. In den ersten drei Lebensjahren wird über Frieden nicht gesprochen, sondern friedvolles Miteinander vorgelebt.

Die täglichen Situationen sollen gut begleitet werden und das Kind sich in seinem Erlebten ernst genommen fühlen. Je älter Kinder werden, desto höher ist ihr Interesse an kognitivem Verstehen. Gespräche und Angebote zum Thema „friedvolles Miteinander" dürfen immer wieder einfließen. Dabei darf es auch Konflikt geben. Letztendlich sollen Kinder in jeder Altersstufe die Erfahrung machen, dass nach dem Konflikt wieder ein harmonisches Miteinander möglich ist. Sätze wie: „Du warst gestern so wild – deshalb kannst du heute nicht mitspielen!" sind für Kinder in den ersten drei Lebensjahren unverständlich und wenig nachvollziehbar. Die Situation und das Spiel an jedem Tag achtsam zu beobachten und einen Impuls zu setzen, ist wichtig, insbesondere wenn sich gleiche oder ähnliche Spannungsfelder regelmäßig aufbauen.

Diese Form des Miteinander bietet den Kindern die Möglichkeit alles intensiver zu erleben, sich selbst zu fühlen und kennenzulernen. Beim Streit mit einem gleichaltrigen Kind, den ersten Versuchen einen Löffel zu halten oder anderes, sind die Kinder mit ihrem Fokus auf das Hier und Jetzt gelenkt und können somit in einer sehr schnelllebigen Zeit Halt und Ruhe finden. Wir wollen den Kindern alle Zeit der Welt einräumen. Es gibt nichts, dem wir nacheilen oder was unbedingt geschehen muss. So können die tausenden und abertausenden Einflüsse, die auf die Kinder während eines Tages einwirken, bis zu einem gewissen Grad verlangsamt werden. Diese Zeiten dienen dann dazu, den Kindern eine Pause von der ‚schnellatmigen' Zeit zu geben. So wird die Gruppe ein Platz, wo sie sich in die ihnen vertraute und sichere Umgebung fallen lassen können. Es entsteht also eine Umgebung des Vertrauens. Durch das Beobachten der TLI BegleiterIn wird sich das Kind sicher und geborgen fühlen. Es spürt, dass es umsorgt ist und dass jemand da ist, wenn es Hilfe, Unterstützung und Halt braucht. Es weiß, dass es im Moment „sein" darf und jeden Moment auskosten und voll erleben darf. Gute Beobachtung ist notwendig, um Kindern in dieser Art und Weise zur Seite zu stehen.

Die Betonung liegt auf dem Wort „darf", denn aus unerklärlichem Grund meinen viele Erwachsene, Kinder dauernd von ihrem momentanen Erleben ablenken zu müssen. Dies gilt im Angebot an Aktivität genau so, wie für das volle Erfahren und Erleben von Emotionen. Wenn wir das Kind nicht sofort ablenken, wenn es zum Beispiel stürzt und Schmerz hat, sondern wenn wir einfach dem Kind begegnen, es sanft halten *(wenn es das möchte)*, ohne viel zu sagen und diesen Moment sich voll und ganz entfalten lassen, dann erlauben wir eine neue Form der Wahrnehmung im Kind. Wenn wir beobachten, dann wissen wir, was geschehen ist, und können somit optimal auf die Situation reagieren. Der situationsbezogene Moment – das „im Moment" sein, hilft auch den TLI BegleiterInnen in der täglichen Arbeit.

Das Kind wird bestimmt zu weinen aufhören – früher oder später – oder noch besser gesagt, genau dann, wenn es Zeit ist damit aufzuhören. Es ist Zeit, wenn die Energie dafür verbraucht ist und die Situation für das Kind bereinigt ist. Dies kann dann sein, wenn es ausreichend Trost gefunden hat. Auch wenn es etwas Anderes, Spannendes oder Interessantes selbst entdeckt *(und nicht etwas, das zum Ablenken vor die Nase des Kindes gehalten wird)*, dann wird es seinen Fokus einfach auf diese neue interessante Erfahrung lenken.

Mit dieser Form des situationsbezogenen intensiven Umgangs wurde dem Kind die Gelegenheit geboten, sich voll und ganz zu spüren. Es hat die Chance sich selbst und sein eigenes Wohlbefinden zu erkennen, zu benennen und authentisch zu erleben. Das wiederum legt eine Grundschwingung, die es das ganze Leben lang einsetzen kann. Es wird sich in den verschiedenen Umgebungen und Lernfeldern der Zukunft immer wieder zu sich selbst zurück ziehen können und sehr gut wahrnehmen, welche Auswirkung und welche Reaktionen die Umgebung in ihm selbst hervorruft. *TLI Pedagogics* sieht dies als einen notwendigen Eckpfeiler zu einem gesunden Selbstwert sowie Selbstwahrnehmung und Aufbau des eigenen Selbstbildes.

„Beobachter zu sein" bedeutet nicht Grenzverletzung oder Regelverstoß zuzulassen. Wird zum Beispiel ein anderes Kind gestoßen, dann wird der Erwachsene aktiv und greift in die Situation ein. Der Rahmen ist ganz klar. Regeln und Grenzen bestehen und sind voll und ganz gültig. Das Kind bewegt sich innerhalb dieses Rahmens frei. Es kennt die Grenzen und Regeln und es respektiert diese *(Mehr zum Thema Regeln in einem späteren Kapitel)*.

Um guter Beobachter zu sein braucht es die Präsenz, die das Kind in seinem Tatendrang und seiner freien Entfaltung unterstützt und fördert. Beobachter zu sein ist zu lernen in einer ständigen Präsenz zu sein. Es hat viele Jahre gedauert, bevor es mir möglich war, diese Präsenz im Alltag mit den Kindern zu leben. Ich habe mit 15 Minuten am Tag begonnen. Ich habe mir vorgenommen, in dieser Zeit Beobachter zu sein. Ich habe ganz bewusst entschieden: „Jetzt beobachte ich! Ich werde mich „innerlich" zurück nehmen und Beobachter sein. Ich werde trotzdem die Kinder durch meine vollkommene Präsenz in allem was sie tun unterstützen. Ich werde sanft und liebevoll und still für die Kinder da sein."

Die wahrnehmende Beobachtung in *TLI Pedagogics* richtet sich auf die Tätigkeit des einzelnen Kindes, das Geschehen in einer überschaubaren Gruppe, die Interaktion zwischen den Kindern und die Interaktion zwischen Erwachsenen und Kind. Die Dokumentation selbst orientiert sich an der Begegnung. In der Begegnung existieren Werte, aber keine Bewertungen. Die BeobachterIn nimmt eine wertschätzende, respektvolle und liebevolle Haltung ein.

Das Beobachten des einzelnen Kindes soll Fragen der Fürsorge aufwerfen. Wie geht es dem Kind? Welche Bedürfnisse hat das Kind? Braucht es Hilfe und Unterstützung? Fühlt es sich im sozialen Gefüge wohl? Hat es inneren Stress oder ist es entspannt? Für welches Spielmaterial zeigt das Kind Entwicklungsinteresse?

Das Beobachten der Gruppe kann folgende Fragen aufwerfen: Wie hoch ist der Lärmpegel? Was sagt mir dieser? Ist Chaos im Raum oder im sozialen Gefüge? Wie ist die Gruppendynamik? Liegt Spannung in der Luft?

TLI BegleiterInnen und Kind werden auf Grund der Beobachtung immer wieder in eine natürliche, sehr nahe und auch eine ganz „liebevoll-lassende" Ebene der Kommunikation eingehen. Dabei ist auch die Sprache ein wichtiges Instrument. „Liebevoll-lassend" ist jene Form der Kommunikation, wo Bewertung dessen, was der andere sagt, aufhört. Noch wichtiger ist das sich Einschwingen auf den anderen. Das garantiert gute Wahrnehmung.

Dokumentation ist wesentlich in *TLI Pedagogics*, um das Kind entwicklungssensitiv begleiten zu können. So braucht es Aufzeichnungen darüber, was wir beobachtet haben und was unsere Gedanken dazu sind: Warum ist es notwendig, das Thema jetzt aufzugreifen oder nicht? Wie sage ich es? Welche Worte wähle ich? Welchen Impuls möchte ich damit beim Kind auslösen?

Die Dokumentation hilft auch dabei das momentane Entwicklungsinteresse des Kindes zu beschreiben. So ist es uns möglich Impulse und Begleitung durch Wahl des passenden Materials zu geben. Durch wahrnehmendes Beobachten und durch die Dokumentation wird nicht nur das Entwicklungsinteresse auf der Ebene der Sachkompetenz, sondern auch im Bereich der Sozial- und Selbstkompetenz besser erkannt. Die Lernfelder der Kinder im Umgang mit anderen und mit sich selbst kommen zum Vorschein. Die Dokumentation beschreibt somit auch die Gefühle, also das, was das Kind emotional beschäftigt, wie es auf seine Umgebung reagiert und womit und mit wem es sich gerne beschäftigt.

Die aus der Beobachtung und Dokumentation resultierende Konsequenz für die pädagogische Begleitung ist, jedem Kind bestmögliche Impulse, Materialien, soziale Umgebung und individuelle Begleitung zu bieten. Impulse und Materialien können somit entwicklungssensitive Momente werden. Die Planung ist somit eine tagesaktuelle Planung, abhängig von einer guten Dokumentation, und wird auf das Entwicklungsinteresse des jeweiligen Kindes abgestimmt. Die Stärken der Kinder kommen zur Entfaltung und neue Impulse in diesen Bereichen unterstützen wiederum die weitere natürliche Entwicklung. Die Dokumentation soll aber nicht zu einer Bewertung des Kindes führen. Sie beschreibt einfach die sich im Kind entfaltenden Schritte und vergleicht diese nicht mit anderen Kindern. Durch die Beschreibung sind wir in der Lage dem Kind eine ganzheitliche Erfahrungswelt anzubieten. Diese basiert auf Wahrnehmung und nicht auf erlernte Theorien, die nach Sachbuch zur Anwendung kommen. Die Bedürfnisse des Kindes spielen eine größere Rolle. Wir können sie erkennen und darauf eingehen. Impulse im Bereich der Selbst- oder Sozialkompetenz können zur Stütze des Kindes in seinen Lernerfahrungen mit anderen und mit sich selbst werden. Während wir unseren Fokus im Allgemeinen auf die Stärken und nicht auf die Defizite legen, so unterstützt die wahrnehmende Beobachtung und die Dokumentation auch dabei, eventuelle körperliche oder geistige Erkrankungen rechtzeitig zu erkennen.

Beobachten – Evaluieren – Sprechen!

TLI BegleiterInnen beobachten auch die Reaktion von Kindern auf ihr Verhalten. So blühen zum Beispiel sehr junge Kinder durch nährende, bestärkende Worte und positive Formulierungen auf. Das Nähren und Unterstützen lässt die Kinder wachsen, wachsen, wachsen. Sie werden zu wunderbaren, großartigen, andauernd wachsenden und sich rasend schnell entwickelnden Lebewesen. Unsere positiven Worten, positiven Gesten, positiven Handlungen und die positiven Grundeinstellung zum Kind werden der Nährboden für natürliche Entwicklung sein. Die Impulse sind dahingehend ausgerichtet, das Kind zum natürlichen Wachsen zu bringen – es förmlich anzuregen sich in seinem ganz ureigenen Weg zu entwickeln. Es ist so wie es ist vollkommen perfekt und in Ordnung. Kinder, die durch Erwachsene eine Entfremdung von ihrem natürlichen Wachsen erlebt haben, brauchen Zeit, um in diese Wahrnehmung zurück zu kehren. Gutes Beobachten wird dabei helfen, das Kind zu unterstützen und zu begleiten.

Im Beobachten nehmen wir uns immer wieder aus dem Geschehen heraus, verstummen und sind einfach nur still präsent. Wir hören und sehen zu, sind da und in jedem Moment bereit, aktiv zu werden – aber schweigen. Als Beobachter können wir auf das Kind mit Gesten und Mimik wie zum Beispiel einem liebevollen Lächeln reagieren, oder mit einem Streichen über seine Wange, oder ein kurzes Halten. Es müssen nicht immer Worte sein.

Beobachten heißt auch Raum geben. Wenn wir mehrere Räume zur Verfügung haben, so müssen wir nicht die ganze Zeit mit den Kindern in einem Raum sein*[1]. Wir können uns auch auf einen stillen beobachtenden Platz außerhalb des Geschehens zurück ziehen. Dies ermöglicht dem Kind sich und den Raum, ohne Beeinflussung der Sekundärperson, voll einzunehmen. Gehen wir immer wieder in die Rolle des Beobachters, dann werden wir Kinder in einem vollkom-

---

[1] *Aufsichtspflicht muss zu jedem Zeitpunkt eingehalten werden!*

men neuen Gesichtspunkt betrachten und kennenlernen können. Der Beobachter weiß! Wir planen Zeiten der Aktivität und der Passivität. Diese sollen einander die Waage halten. Passivität kann bis zu 60% der gemeinsamen Zeit einnehmen.

Zur Dokumentation der Beobachtung in *TLI Pedagogics* werden verschiedene Methoden eingesetzt. TLI BegleiterInnen halten in einem Tagebuch das in der „Ich"-Form des Kindes geschrieben ist, besondere Momente des Tagesgeschehen fest. Sie haben Foto- und Bilddokumentationen und präsentieren besondere Werke des Kindes. Mit Einverständnis der Eltern sind Videoaufnahmen als Dokumentation verschiedener besonderer Entwicklungsmomente ein Teil in *TLI Pedagogics*. Das Beobachtungsbuch dient der Reflexion des Tages sowie der Vorbereitung für den nächsten Tag. Die Planung und Reflexion ist in der *TLI Pedagogics* tagesaktuell. So können neue Prozess erkannt werden und vorhandene wenn notwendig abgeändert und angepasst werden. Die TLI Entwicklungskurve und Entwicklungsgeschichte hilft dabei Entwicklungsstörungen rechtzeitig zu erkennen.

Beobachtungen außer Acht zu lassen führt sehr oft zur Disharmonie in der Gruppe und bei einzelnen Kindern. Die Entwicklungssensitivität geht verloren. So kann es sein, dass zu viele Impulse gegeben werden und das Kind keine optimale Begleitung bei seinen Herausforderungen hat. Werden Impulse zu früh gesetzt, greift die BeobachterIn künstlich in den natürlichen Entwicklungsverlauf ein. Werden Impulse zu spät gesetzt, so kann das Kind seine Langeweile zum Ausdruck bringen.

Ich möchte die Wichtigkeit der Selbstbeobachtung der TLI BegleiterInnen hier ebenfalls kurz ansprechen. Die Entwicklung der *TLI Pedagogics* ist in vielen Bereichen ein Resultat der eigenen Beobachtung meines erzieherischen Handelns und der Reaktion der Kinder darauf gewesen. Fragen nach dem eigenen Wohlbefinden sind Fragen, die uns als Erwachsene zum genaueren Hinschauen und zur eigenen Persönlichkeitsentwicklung anregen. Mein Wohlbefinden ankert jedes einzelne Kind in der Gruppe. Bei der Reflexion meines eigenen Unwohlseins bin ich sehr oft zu dem Ergebnis gekommen, dass dies mit dem Kind selbst nichts zu tun hatte. Die Wurzel lag entweder in meinem fehlenden Verständnis für das Kind, der Haltung zum Kind oder der Idee darüber, was ein Kind ist. Immer wieder hat es mich auch zurück in meine eigene Kindheit geführt und die Wurzel des Unwohlseins konnte in der eigenen Erziehung aber auch der gängigen pädagogischen Vorstellung darüber, wie ein Kind zu funktionieren hat - gefunden werden. Wir fragen uns auch: „Warum ist eine Situation im Alltag so gelaufen? Welchen Anteil habe ich daran gehabt? Was kann ich das nächste Mal verbessern?" Die Frage nach meiner Präsenz in der Gruppe muss von Zeit zu Zeit gestellt werden: „Wo war mein Fokus heute? Konnte ich alle Kinder gut begleiten? Bin ich zu aktiv oder zu passiv gewesen? Kann ich die Bedürfnisse der Kinder erkennen? Habe ich mich in Abläufen verloren und die Bedürfnisse der Kinder nicht respektiert?" Letztendlich können wir an Hand der Kinder auch unsere eigene Persönlichkeitsentwicklung erkennen: „Wo sind meine Grenzen? Wann reagiere ich nervös, zu schnell, eingrenzend, etc. ... Wie oft verwende ich Worte wie Nein, Nicht, Stopp, geht nicht, kann nicht, etc ..."

Beobachten führt zur Evaluation. Im Evaluieren starten tiefere Denkprozesse. Tiefere Denkprozesse führen zu der Veränderung unseres Sprechens und Handelns. So werden Kinder unsere Lehrer und wir gefordert die eigene Entwicklung nicht zu vernachlässigen.

Fassen wir zusammen:

- Die wahrnehmende Beobachtung ist unser Instrument
- Schweigen – verstummen – beobachten
- Wir nutzen das Hier und Jetzt
- Wir lassen das Kind sich frei entfalten und den nächsten Schritt selbst wählen
- Die Dokumentation orientiert sich an der Begegnung und Beobachtung.
- Wir geben der Einzigartigkeit und dem freien Willen des Kindes so oft als möglich Platz
- Wir beobachten jedes einzelne Kind, die Gruppe, das Geschehen und die Interaktionen
- Die Dokumentation beschreibt das momentane Entwicklungsinteresse des Kindes
- Beobachtung und Dokumentation machen Sinn und führen

Die Begleitung von Kindern in den frühen Lebensjahren

zu Konsequenzen für die pädagogische Begleitung

KAPITEL 4
TLI BEGLEITERIN

Orientieren wir uns für einen kurzen Augenblick an den Betreuenden in pädagogischen Berufen. Viele Kinder verbringen täglich eine lange Zeitspanne mit den Sekundärbezugspersonen. Sie begleiten einen Teil des Lebens der Kinder und werden daher in *TLI Pedagogics* als TLI BegleiterInnen bezeichnet. Das Bild, welches ich dir hier mitgebe ist folgendes. Stell dir vor, du bist an der Seite eines ein-, zwei- oder dreijährigen Kindes. Es geht seine Schritte und hält deine Hand. Vermutlich siehst du selbst, wie du bei den ganz jungen Kindern nur einen oder zwei Finger und erst bei den älteren Kindern deine Hand anbietest. So gehst du nun an der Seite. Als TLI BegleiterIn erlaubst du dem Kind den ersten Schritt zu machen. Erst dann setzt du deinen Fuß nach. So versuchen wir Kind-orientiert zu begleiten. Wir wollen dem Kind seinen Weg wählen lassen, aber ein steter Begleiter sein. Das Kind soll sich auf uns verlassen können, aber auch frei seinen Weg wählen dürfen. Das Bild ist nicht wortwörtlich zu nehmen, sondern gibt dir ein Gefühl, wie TLI BegleiterInnen in der Gruppe wirken. Sie bieten Sicherheit durch ihr „da sein" und Freiheit durch ihr „liebevolles lassen".

Das Wissen, dass alles, was wir tun, nicht nur Einfluss auf den momentanen Lebensabschnitt hat, sondern auch im weiteren Sinne auf das weitere Leben der Kinder, verschafft dem Begriff „TLI-BegleiterIn" Nachdruck. Es bringt die Deutlichkeit und Klarheit in das Bewusstsein der begleitenden Personen, die sie mit der Tätigkeit annehmen. In jedem einzelnen Moment entscheiden wir wie wir begleiten, auf eine Situation reagieren und welche Samen wir im Kind nähren. Jeder Moment wird seine Spuren hinterlassen.

Das Ziel welches ich durch die Verwendung des Wortes TLI BegleiterIn verfolge ist es aufzuzeigen, dass es um die Form der Begleitung geht. Es ist ein Begleiten von Kindern durch sensible, sensitive Phasen des Lebens. Es ist die Zeit wo wir Kinder mit Werten und Strukturen in Berührung bringen. Eine bewusste Haltung einzunehmen ist für die TLI BegleiterInnen daher eine wichtige Aufgabe.

TLI BegleiterInnen führen die Tätigkeit mit Herz (*Achtsamkeit*) und wahrnehmender Beobachtung aus. Existierende Ausbildungen bieten eine gute, solide Basis um die Grundlagen der Entwicklungspsychologie, Persönlichkeitsbildung, der Didaktik, Kommunikation, Pädagogik und der Abläufe in *TLI Pedagogics* zu verstehen. Wissen hilft dabei Zusammenhänge zu verstehen und die vielen praktischen Aspekte sollen zum ganzheitlichen Verstehen beitragen. Im Umgang mit Menschen gibt es keine Patentrezepte, die wir Lehrbüchern entnehmen können. In *TLI Pedagogics* gibt es daher Abläufe, aber keine mechanischen Prozesse, die erlernt und mechanisch angewendet werden können. Kinder sind keine Maschinen und sie funktionieren nicht alle gleich. *TLI Pedagogics* braucht Menschen mit Herz und Liebe zum Kind. TLI BegleiterInnen sind sich Ihrer Aufgaben und der Verantwortung sich selbst zu hinterfragen bewusst.

Dabei agieren wir mit dem vollen Verständnis, dass mit allem, was wir tun, sagen, denken und fühlen, Kinder auf ihrem Weg der Entfaltung und Entwicklung unterstützt oder behindert werden. Wir verstehen, dass alles das, was wir heute, hier und jetzt tun, ein „Mitgestalten" und Begleiten einer heranwachsenden Persönlichkeit – eines Menschenlebens – ist. Wir erkennen, dass es nicht nur um theoretisches Wissen, sondern um bewusstes Handeln und eine achtsame Haltung zum Kind als vollständigen Menschen geht. Im Grunde sollen alle Erwachsenen, die Kindern auf dem Weg des Heranwachsens beistehen erkennen, dass sie ein „Leben" begleiten und dass sie ganz bewusst an der Entwicklung dieses jungen Menschen mitwirken werden. Sehr prägend ist hier das afrikanische Proverb: „Es braucht ein ganzes Dorf um ein Kind großzuziehen."

Als Grundlage der täglichen Begleitung von Kindern in den ersten Lebensjahren dient die *Lelek Philosophie*. Die Richtlinien und Empfehlungen für TLI BegleiterInnen bauen daher auf den fünf wesentlichen Grundsäulen der *TLI Pedagogics* auf.

Sprechen wir von der Rolle der TLI-BegleiterInnen, so ist eine der grundlegenden Punkte für die Begleitung das sich Zurücknehmen und sich am Kind orientieren. Das Kind darf seine freien Entwicklungsschritte machen und vom Erwachsenen begleitet werden. Durch die individuellen wahrnehmenden Beobachtungen können TLI BegleiterInnen das Entwicklungsinteresse jedes einzelnen Kindes erkennen und mit Impulsen begleiten.

Um die *Lelek Philosophie* leben zu können ist es wichtig, dass TLI BegleiterInnen lernen, Kinder nicht zu vergleichen, sondern sie in ihrer Einzigartigkeit anzunehmen. Eine entwicklungssensitive Umgebung nimmt Rücksicht auf die Einzigartigkeit jedes Kindes und bietet einen Platz der Entfaltung. Diesen herzustellen braucht eine tägliche Anpassung und Veränderung durch die TLI BegleiterIn. Um einen guten Rahmen schaffen zu können, dient die tägliche Dokumentation zu erkennen, was die einzelnen Kinder jetzt gerade erfahren, erleben und verinnerlichen wollen. So werden lebensnahe Prozesse möglich. TLI-BegleiterInnen planen im Jahreskreislauf und Tagesablauf folgende wichtige Aspekte ein:

- Eingewöhnungsphase *(siehe Buch Tatsächlich der 1. Tag ist da)*
- Aufbau einer stabilen, liebenden Beziehung
- Die Begegnung als Instrument zur guten Begleitung
- Das Spiel – Frei und angeleitet
- Begleiten mit Impulsen – Welcher? Wann? Für wen?
- „Yo-Yo-Effekt" Sich zurücknehmen und trotzdem liebevoll da sein
- Die Beobachtung. Sie dient nicht zur Beurteilung von Entwicklungsstand, sondern zum achtsamen Impuls-Geben.

Wenn TLI-BegleiterInnen sich zurück nehmen so bedeutet dies aber auch, dass sie das Kind dort sicher und standfest begleiten, wo es Hilfe braucht oder Gefahr droht. Sie fokussieren sich darauf Entwicklungsprozesse zu unterstützen und nicht zu hemmen oder zu stoppen. So braucht es neben Wissen und Fähigkeiten, gute Intuition, was das Kind braucht und wie es die vorhandenen Stärken erweitern und vertiefen kann und möchte. TLI BegleiterInnen wollen die „ureigene" und aus dem Kind entspringende Kreativität nutzen und zur Entfaltung bringen.

Optimale entwicklungssensitive Materialien helfen dabei und sollen angeboten werden. Sie bieten Kindern „Landschaften, in welchen diese frei gestalten und sich entwickeln können. Es braucht Balance im Angebot und Impulse in verschiedenen Lernbereichen. Optimales Spielmaterial bringt doppelt so viel Freude beim Kind. Die Nutzung von Materialien wird durch sinnvolle Regeln begleitet. Regeln und Verhaltensvorgaben sollen das Kind in seiner Ideenvielfalt nicht einschränken und werden ständig reflektiert und angepasst.

Erfahrungen können am besten selbst gemacht werden. Deshalb ist es wichtig, dass die TLI-BegleiterInnen sich zurück nehmen, aber dennoch das Kind ermutigen, dort wo es vor einem neuen Schritt zurückschreckt oder Begleitung braucht. Dazu braucht es wieder gute wahrnehmende Beobachtung, um zu erkennen, ob das Kind die scheinbare Hürde meistern möchte und kann. Das Kind soll aber zur Erfahrung weder gedrängt noch gezwungen werden. Es soll frei seine eigene Geschwindigkeit wählen können. Unterstützung und Ermutigung ist vor allem dort angebracht, wo das Kind bereit ist sich den neuen Herausforderungen zu stellen und Stütze braucht. TLI BegleiterInnen haben auch die Aufgabe, Kinder in ihrem Umgang mit Fehlern und Frust zu begleiten. Sie wählen die optimistische, positive Sicht auf das Geschehene und begleiten die Reflektion des Erlernten.

Um Kinder in diesen Jahren mit *TLI Pedagogics* zu begleiten sollen Erwachsene den Wunsch verspüren die Bedürfnisse des Kindes ernst zu nehmen, diese verstehen zu lernen und darauf einzugehen. TLI BegleiterInnen werden zum Forscher der Bedürfnisse von Kindern. Dies ermöglicht ihnen das aktive Zuhören und das Verstehen der Zeichen durch die kindliche Körpersprache. Sie bringen mehr Bewusstsein und Verständnis für die einzelnen Situationen, die das Kind erlebt auf, und reflektieren ständig ihr eigenes Verhalten.

Diese Punkte sind die Basis der täglichen Begleitung und brauchen Zeit um angewendet, vertieft und gefestigt zu werden. Kinder mit *TLI Pedagogics* zu begleiten wird sich in den Jahren des Tuns und der ständigen Reflektion des eigenen Handelns weiterentwickeln und vertiefen.

Zu diesem Kapitel habe ich entschieden, keine Zusammenfassung zur Verfügung zu stellen, sondern dich einzuladen, diese selbst für dich zu verfassen.

KAPITEL 5
DIE RÄUME

Kinder brauchen Raum, um sich entfalten zu können!
Sie brauchen Möglichkeiten und FreiRaum,
um die aus dem Innen kommende Kraft zur Entwicklung zu nutzen!

Die Raumgestaltung der meisten Einrichtungen ist sehr an den Ort gebunden, wo die Betreuungseinrichtung eine Möglichkeit erhält sich nieder zu lassen. Leider kann daher nicht immer Einfluss auf alle Kriterien genommen werden. Es ist daher dieses Kapitel eine Vorgabe für TLI Gruppen, die neu entstehen und die Möglichkeit haben sich ihren Platz zu gestalten. Alle TLI Gruppen sollen aber in jedem Fall die notwendigen Landschaften für die Kinder anbieten. Im allgemeinen sind auch Inhalte und Aspekte mit dabei, die sich in jeder Gruppen umsetzen lassen und eingebunden werden können.

Der Raum ist einer der wichtigsten Orte für das Kind, denn hier wird es seine Zeit außerhalb der Familie verbringen. Der Raum wirkt auf das Kind, kann Wohlgefühl oder Unwohlsein beim Kind bewirken. Räume sind eine Abgrenzung zum Rest der Welt. Sie bieten Schutz, aber auch Begrenzung. Sie erlauben mit Grenzen und Begrenzung in Berührung zu kommen. Die Räume gehören den Kindern und nicht den Erwachsenen. Kinder aber sind bei der Gestaltung der Räume auf die Erwachsenen angewiesen. Es ist daher wichtig, die Bedürfnisse der Kinder in diesem Alter wahrzunehmen und weitgehend zu erfüllen.

TLI Gruppen können durch grundlegende Merkmale erkannt werden. Diese Raumgestaltung soll eine optimale Lern- und Spiellandschaft bieten.

Die hellen Räume sind Räume mit viel natürlichem Licht und Lichteinfall. Das wird vor allem durch ausreichend Fenster und helle Wände gewährleistet. Große Fenster helfen Kindern in Kontakt mit der Umgebung zu sein und mit der Natur und den täglichen Aktivitäten draußen in Berührung zu treten. Weiters bieten die großen Fenster Kindern auch die Möglichkeit dem natürlichen Rhythmus des Lichtes und der Dunkelheit, sowie den verschiedenen Wettereinflüssen im Jahreskreislauf zu folgen, sie zu erleben und kennen zu lernen. Auf Sonneneinfalls ist acht zu geben.

Es bedeutet auch die Ausrichtung der Räume so zu gestalten, dass es zu keiner Überhitzung kommt. Der Einfall der Sonne soll am Morgen sehr stark und im Laufe des Vormittages ein wenig geringer sein. Das ist auch sehr konform mit dem Wach-Schlaf-Rhythmus des Kindes. Gerade am Morgen sind die meisten sehr jungen Kinder sehr aktiv. Im Laufe des späten Vormittages werden sie meist ruhiger und müde und wollen sich zurückziehen. Der Einfall des Tageslichtes kann hier unterstützend diese natürlichen Phasen des Kindes begleiten. Räume sollen grundsätzlich so geschaffen sein, dass sie den Biorhythmus der Kinder natürlich ergänzen.

Kinder brauchen auch Platz zur Beobachtung. Kinder lieben es am Geschehen um sich herum teilzunehmen. Autos, Müllabfuhr, Bäume, Wasser, Vögel und anderes regen zum Beobachten an. Der Platz zum Beobachten soll auf jeden Fall ungefährlich sein, das heißt das Fenster auf dieser Seite ist verschlossen und Kinder sollen nicht in der Lage sein es selbständig zu öffnen. Sind die Fenster nicht in Kinderhöhe, so ist es möglich mit einer Raumerhöhung (Spielgerät) diese Beobachtungsfläche leicht zu schaffen.

Natürliche Materialien und Einrichtungsgegenstände ermöglichen den Kindern mit verschiedenen Sinneserfahrungen in Berührung zu kommen. Holz, Flachs, Metall, Stoffe und andere Materialien erzeugen das Gefühl von Wärme und Weichheit. Sinneserleben ist eine der grundlegenden Lernwege des jungen Kindes.

Dabei unterstützen auch Möbel mit Rundungen. Wir vermeiden im allgemeinen spitze oder eckige Möbel. Dies verringert die Notwendigkeit Kinder immer wieder daran zu erinnern, dass sie sich daran stoßen können und dass sie vorsichtig sein sollen. Sie bieten aber auch ein harmonisches Raumklima. Die Harmonie der Raumeinrichtung spielt ebenfalls eine wesentlich wichtige Rolle für das Wohlbefinden im Raum. Ästhetische Schönheit, Klarheit und Struktur bieten nicht nur Harmonie sondern auch Sicherheit.

Die Wohligkeit wird ebenfalls durch die Größe der Räume wesentlich beeinflusst. Für Kinder ist ein großer Raum noch viel größer als für den Erwachsenen. So sind zwei bis drei kleinere Räume einem einzelnen großen Raum zu bevorzugen. Sind mehrere Räume vorhanden, so ermöglicht es auch die Entfaltung der einzelnen Kinder durch verschiedene Aktivitäten, Impulse und Materialien. Ein Kind, das gerade Ruhe haben will, muss nicht den Lärm der Trommel nahe seinem Ohr hören. verschiedene Räume können klare akustische Trennungen möglich gemacht werden. Wenn Sie mehrere Räume zur Gestaltung zur Verfügung haben, dann ist es sicher anzudenken, welche Landschaften und Materialien in einem Raum miteinander angeboten werden. Optimal ist es, wenn die Räume durch teilweise offene Wände oder große Flügeltüren verbunden sind. Dies hilft den TLI BegleiterInnen einfach in jeden Raum Einblick zu nehmen.

Recycling und Upcycling spielt in der *TLI Pedagogics* eine große Rolle. Naturmaterial und Alltagsgegenstände beleben die Räume. Durch ihre Anwesenheit erwirbt das Kind Umweltkompetenz und lernt natürlich mit Alltagsmaterialien bewusst und achtsam umzugehen. „Upcycle Furniture" und die Weiterverwendung von Gebrauchsgegenständen soll für die Kinder etwas ganz Selbstverständliches sein. Sie erleben die Welt als eine Welt, wo wir wertvoll und achtsam mit Gegenständen, Wertgütern, Pflanzen, Tieren und Menschen umgehen. Wir geben Kindern Töpfe, Rührbesen oder andere Gegenstände des Alltags. Kinder können stundenlang mit einem Topf und einem Kochlöffel spielen. Auch im Sinne der Umweltkompetenz erleben wir mit Kindern Minimalismus und Einfachheit im Angebot und erkennen die Fülle in dieser Form des Sein.

Weiche und kuschelige Bereiche sind Plätze wo die Wärme der Umarmung durch die Raumgegenstände geboten werden. Dazu eigenen sich Weichzonen mit Matratzen, Polster, etc. Auch eine sehr, sehr niedrige, breite Couch mit hohen Seitenlehnen, wo die Kinder sich so richtig verstecken können sind Plätze wo Kinder Ruhe und Stille finden können. Zur Abteilung eignen sich vor allem natürliche Materialien, Stoffe, Leinen, Bambus, Zweige, Baumstämme und andere. Nischen und leicht durchsichtige Abtrennungen bieten den Kinder Möglichkeiten des Rückzugs und des unbeobachtet seins. Nischen können in die Wände eingeplant oder durch Vorhänge und andere Materialien, die den Raum abteilen, erzeugt werden ... Der Gedanke der Ganzheitlichkeit findet sich auch hier und Abtrennungen können durch Recycle und Upcycle Material geschaffen werden. Dem Ideenreichtum, wie Rückzugsmöglichkeiten erschaffen werden können sind keine Grenzen gesetzt. Das Spiel in ruhigen Nischen mit wenigen anderen Kindern bietet auch eine Atmosphäre, in der das Kind entspannt spielen kann. Die Kinder-Gruppe und somit möglicher Konflikt mit anderen Kindern verkleinert sich so ganz natürlich. Stress und Anspannung auf Grund von Konfliktsituationen verringert sich.

Kinder suchen Abgrenzungen. Diese helfen ihnen sich in einem Raum (*vor allem in großen Räumen*) leichter zu orientieren. Wir können den Boden nutzen und mit Teppichen oder mit verschiedenen Farben Raumteilungen festlegen. Diese dienen dazu, den Kindern Orientierung zu geben. An diesen Abgrenzungen können sich auch TLI BegleiterInnen orientieren.

Wir schaffen Platz. Sehr junge Kinder brauchen Platz und wollen sich viel am Boden beschäftigen. Tische und Stühle werden gerade von den ganz jungen Kindern wenig verwendet und sollen daher nur in geringer Anzahl vorhanden sein.

Die TLI Gruppe bietet verschieden hohe Ablageflächen. Diese können durch Regale, niedere Mauers oder Trennwände geschaffen werden. Der Grundgedanke ist auch hier wieder natürliche Ebenen zu schaffen, Upcycle-Möbel einzubringen oder wiederverwertbare und natürliche Materialien zu verwenden. Auch Fensterregale, Kinder unterschiedlichen Alters haben unterschiedliche Interessen. Diese können nebeneinander existieren. Alles hat seinen Platz.

Die Leichtigkeit durch die Vielfalt finden wir besonders dort, wo wir wenig, aber sinnvolles Spielmaterial anbieten. Es braucht keine Fülle an Spielzeug, es braucht gezieltes Material, dass die Kinder anspricht. Es muss Raum für jede Entwicklungsphase geschaffen werden. Ältere und größere Kinder finden ihre Materialien, die für die ganz kleinen und jungen nicht geeignet sind in den Regalen ein wenig höher. Sie lernen auch ganz genau, wie sie sich in der Gruppe mit diesem Material verhalten, sodass sie es in Ruhe, ungestört und gefahrlos verwenden können. Ganz junge Kinder finden ihr Spielangebot sehr nahe dem Boden – auf Augenhöhe oder „Krabbelhöhe" denn dort werden sie es suchen.

In der TLI Gruppe für Kinder von 1 – 3 ½ Jahren finden wir verschiedene entwicklungssensitive Landschaften. Diese bieten eine ganzheitliche Spiel und Lernlandschaft für das Kind.

Die *TLI Bewegungslandschaft* ist eine aus natürlichen Materialien angefertigte Podestlandschaft, die den Kindern die Möglichkeit bietet motorische Erfahrungen ihrem Entwicklungsmoment entsprechend umzusetzen. So finden wir einen Teil zum Krabbeln, einfache Stiegen zu steigen, Unebenheiten wie zum Beispiel Wellen, eine niedere kleine Höhle zum Verstecken und Krabbeln, eine Rutsche, sowie einen Wipp- oder Schaukelbereich. Diese Elemente bieten dem Kind die Möglichkeit jederzeit ganz natürlich ihren Bewegungsdrang auszuleben und mit naturähnlichen Begebenheiten in Berührung zu kommen.

Wo auch immer möglich soll auch ein Garten den Kindern diese Chance bieten. Der Garten ist ebenfalls ein Spiel- und Lernraum und spielt eine große Rolle dabei, Kinder mit der Natur in Berührung zu bringen und ihnen Naturerfahrungen zu ermöglichen. So gibt es Gartenbeete mit Kräutern, Obst und Gemüse, die in der Küche verwertet werden. Der Garten besteht aus einem Natur-Erlebnis-Bereich der den Kindern natürliche Bewegungselemente wie Hügel, Mulden, Weidenhäuser, Tunnel, Brücken, Wege aus natürlichen Materialien, Balancierbaumstämme, Sitzplätze aus Baumstämme oder anderen natürlichen Materialien, bietet. Schattenplätze und Trink- oder Essplätze werden ebenfalls aus Upcycle-, Natur- oder Alltagsmaterialien geschaffen. Der Garten ersetzt nicht die TLI Bewegungslandschaft. Dieser steht nicht zu jedem Zeitpunkt und auch nicht in jedem Haus zur Verfügung.

Die *TLI Landschaft zum Bauen und Konstruieren* teilt sich meist einen Raum mit der TLI Bewegungslandschaft. Dort werden Materialien angeboten, die dem Kind die Möglichkeit des mathematischen Lernens und der Kreativität ermöglichen. Auch hier wird wieder besonders darauf Wert gelegt, dass vor allem natürliche Materialien verwendet werden. Ein großes Duplo und andere Konstruktions- oder

Materialien, die Kindern die Möglichkeit des Bauens bieten, sollen nicht fehlen. Diese Landschaft wird auch gerne mit Impulsen wie zum Beispiel große oder kleine Schachteln, Klopapierrollen, etc erweitert. Bau- und Konstruktionsmaterial wird in Holzkisten, Flechtkörben oder anderen aus Bioverpackungen und - behältern (z.B. Zeitungspapierkörbe) bestehenden Materialien angeboten. Teppiche können die Landschaft begrenzen, sollen aber neutral und gedämpft in Farbe *(natürlich)* und nicht bunt sein. Materialien werden am Boden stehend oder leicht einsehbar angeboten. Nachziehspielzeug kann an Podesten oder Ebenen wie z.B. einer unterschiedlich hohen Trennwand oder Trennregal angeboten werden. Raumteiler können neben Regale auch Upcycle Möbel und Trennwände sein.

Die *TLI Sinneslandschaft* wird in einem gut abgetrennten Bereich der Stille ermöglicht geschaffen. Hier sollen die Sinne auf allen Ebenen angesprochen werden. Das Kind erlebt die Entfaltung durch seine Sinne. Man könnte sagen, das Gehirn taucht in eine ganzheitliche Sinneslandschaft ein. Ich nenne hier zum Beispiel das Thema Wald. Über einen Projektor werden Bilder des Waldes, Waldvögel, Moos, etc. abgespielt. Das Kind erhält Naturmaterialien aus dem Wald in einer Sinneswanne zur Verfügung. Ein Audio mit rauschenden Bäumen, singenden Vögeln, einem leisen Bach, der durch den Wald fließt etc. wird ebenfalls abgespielt. Tierfiguren aus dem Wald können dem Kind zur Verfügung gestellt werden. So erlebt es mit allen Sinnen. In seiner zweiten Funktion bietet der TLI Sinnesraum dem Kind Rückzugsmöglichkeit und die Chance vom Alltag Abstand zu nehmen. So sind Lava- und Lichtsäulen und andere Lichtelemente, weiche Matten oder Pölster zum Kuscheln, Phänomenale Spielmaterialien und alles, was zum Trödeln und zum zur Ruhe kommen dient ebenfalls ein Teil dieses Raumes. Diese beiden Sinneslandschaften werden im Laufe eines Tages abwechselnd angeboten. Wichtig ist ebenfalls, dass die TLI Sinneslandschaft gut abgedunkelt werden kann, sodass die Lichteffekte zur Entfaltung kommen können und die Bilder des Projektors gut sichtbar sind. Der Fokus wird somit auf die verschiedenen Sinne stärker gelenkt.

Die *TLI Landschaft zum Ruhen und Trödeln* kann mit der TLI Sinneslandschaft verbunden werden. Ist ausreichend Platz gegeben, so besteht auch die Möglichkeit einen eigenen Bereich zu schaffen. Wichtig ist, dass Kinder ihrem natürlichen Biorhythmus folgen und Ruhe sowie Schlaf zu jeder Tageszeit finden können. So sollen Kinder, die eine Nachts schlecht geschlafen haben oder sehr früh aufgestanden sind, auch schon um 10:00 Uhr morgens einen Platz zum Ruhen und Rasten haben. Wenige Kuscheltiere, phänomenale Spiele etc. können die Landschaft ausschmücken. Dieser Bereich braucht keinen direkten Lichteinfall und soll gut vom Lärm der anderen Bereiche geschützt sein.

In der *TLI Landschaft zum Lesen und Lernen* finden Kinder zusätzlich zu den Büchern andere Materialien, mit welchen sie die Bücher ganzheitlich erfassen können. So werden den Kindern bis zu 10 Büchern angeboten. In Körben oder Schachteln werden Lupen, Lesezeichen und Materialien angeboten, die in Büchern thematisiert werden. Ziel ist wiederum das ganzheitliche Erfassen der Inhalte. Eine gut ausgestattete TLI Gruppe soll zirka 50 Bücher zur Verfügung haben, die im Laufe des Jahres immer wieder ausgetauscht werden. Dabei spielt das Entwicklungsinteresse, der Jahreskreislauf, die Feste und die Situationen im Leben eines Kindes eine wesentliche Rolle.

Die *TLI Landschaft zum Lernen und Konzentrieren* bietet den Kindern Spiele und Materialien, die kognitive Prozesse besonders ansprechen. Zu diesen gehören Farb-, Form-, Sortier-, und andere didaktische Spiele. Auch hier bietet eine gut ausgestattete TLI Gruppe zirka fünfzig verschiedene Möglichkeiten, die regelmäßig ausgetauscht werden können. Je nach Ablageflächen sollen maximal fünfzehn der Spiele gleichzeitig angeboten werden. Die TLI BegleiterInnen sollen sich hier aber nicht an meiner Zahl orientieren, sondern eher an der Gruppendynamik und den Kindern. Meine eigene Erfahrung hat gezeigt, dass fünfzehn Materialien meist ausreichend waren.

Die TLI Landschaft zum Gestalten, Malen und Kreativ-sein bietet den Kindern die Möglichkeit an den Wänden, auf dem Boden und auf einem Tisch zu arbeiten So können Kinder unterschiedlicher Entwicklungsstufe ihre Kreativität ausleben. Wichtig ist hierbei, dass gerade sehr junge Kinder gerne sehr lange Striche machen und den gesamten Arm verwenden. So soll Tisch, Boden- und Wandmalplatz groß genug sein. Die gewählten Materialien sollen ebenfalls der Entwicklung der Kinder dieses Alters entsprechen. Wir wählen weniger Materialien und wechseln auch hier öfter aus. Nach dem Motto „weniger ist mehr" bieten wir zum Beispiel bei dicken, handgerechten Buntstiften je nach Alter zwei bis vier Farben an. Jede Farbe existiert maximal zweimal. Materialien zum Malen, Zeichnen, sowie für Tasterfahrungen wie z.B. Rasierschaum, Creme, Salzteig, etc. sollen in diesem Bereich geplant sein. Sensorisches Material wenn es in Bezug mit Malen, Gestaltung und Kreativität steht kann in diesem Bereich angeboten werden.

Bei der Aufbereitung der Materialien ist es besonders wichtig in den einzelnen Bereichen darauf zu achten, dass diese ausreichend Platz zur Verfügung haben. Jedes Material hat seinen Platz. Das Stapeln ist zu vermeiden.

Wandelemente, wie Tastwand, Motorikwand, etc. werden themenbezogen in den verschiedenen Landschaften angeboten.

Die *TLI Landschaft zum Nachspielen täglicher Lebenssituationen* ist eine Landschaft, die mit den Einrichtungen des täglichen Lebens ausgestattet ist. Kinder lieben es bei den Alltagstätigkeiten des Erwachsenen mitzuwirken. Sie kochen, bügeln, putzen, etc. So soll diese Landschaft den Kindern einen Platz bieten, der genau diese Möglichkeiten hat. Dabei ist in der *TLI Pedagogics* besonders darauf zu achten, dass diese Landschaft mit echten Materialien ausgestattet ist. So werden den Kindern kleine Kochtöpfe und Backmaterialien zum Beispiel aus Stahl für einen Single Haushalt, kleine Kochlöffel und andere Kochutensilien, kleine Gläser aus dickem Glas, etc. angeboten. Wenn möglich soll dieser Bereich nahe der Küche oder des Essbereiches der Kinder sein. So kann das Äpfel schneiden für die Jause, das Gurken schälen für den Mittagssalat in einem nach Hygienekriterien ausgerichteten Teilbereich dieser Landschaft stattfinden. Sensorisches Material, dass in Bezug mit Kochen, Backen, Reinigen steht kann auch in diesem Bereich angeboten werden.

Kinder sollen in den verschiedenen Landschaften ganz natürlich mit dem Thema Lernen in Berührung kommen. So werden die verschiedenen Farbbuntstifte, Filzstifte, etc. in Schachteln oder Gläser der gleichen Farbe angeboten. Holzbausteine können nach Größe und Form in verschieden große Körbe oder Schachteln sortiert werden.

Runde Gegenstände können in runden Behältern und eckige in eckigen sowie dreieckige in dreieckigen Behältern aufbewahrt werden. Alle Materialien sollen für die Kinder zur freien Entnahme und griffbereit zur Verfügung stehen. Neue oder besondere Materialien können durch eine ästhetische Präsentation hervorgehoben werden.

Was ist ein FreiRaum!

Es ist ein Raum, in dem sich Kinder frei bewegen können.
Es gibt keine andauernden „Neins", sondern Raum zum freien Tun. Freies Bewegen passiert, wenn Kinder ihrem eigenen Fluss folgen. Sie nutzen ihre innere Kraft und aus der inneren Motivation heraus bewegen sie sich.

Wie gestaltet sich der FreiRaum?
Das Kind ist in der Lage, Länge (Dauer), Inhalt (Spielangebot) und Form (was mache ich damit) selbst und FREI zu wählen. Die Vorgaben der Erwachsenen sind wenig bis nicht vorhanden. Frei wählt das Kind sein Tun, es entscheidet frei, es entfaltet sich frei, es lebt Emotionen aus und lernt und spielt. Raum bedeutet, dass das Kind den gesamten Raum ausfüllt. Das kann jetzt wörtlich verstanden wirklich ein Teilbereich eines physischen Raumes sein oder einfach nur als Raum in ihm selbst verstanden werden. FreiRaum kann überall stattfinden, zum Beispiel im Garten, in der Garage oder ganz wo anders.

FreiRaum bedeutet auch, dass dem Kind die Möglichkeit geboten wird, eine gewisse Umgebung um sich oder in sich voll auszufüllen. Es kann sich ausbreiten und entfalten, ohne in seinem Raum eingeengt oder verdrängt zu werden!

Ist FreiRaum den ganzen Tag?

FreiRaum ist immer dann, wenn es im Tagesablauf möglich ist. FreiRaum ist auch dann, wenn es das Kind braucht. FreiRaum ist vor allem dann, wenn Kinder scheinbar gegen gemeinsam getroffene Vereinbarungen verstoßen, wo sie sich normalerweise gut daran halten können. Denn oft ist dies ein Zeichen von Enge oder zu hohen Vorgaben/Druck von außen.

Warum?

Oft muss das Kind mit dem Rhythmus der Erwachsenen, des langsamsten oder schnellsten Kindes, der Medien, oder dem Rhythmus der Familie usw. mit. Oft wird gerade deshalb bei Kindern ein Punkt erreicht, der sie einfach dazu bringt „Nein" zu sagen oder einfach nur „Nein" zu tun. Wenn wir nun den Kindern diesen FreiRaum im innen oder im außen geben, dann werden wir wohl staunen. Kinder kommen oft schon nach kurzer Zeit in einen ganz „natürlichen" Fluss und sie beginnen den RAUM in Besitz zu nehmen und ihn auszufüllen. Sie werden „einzigartig" – in ihrer Welt! Dann fühlen sie sich FREI ...

Regeln sowie ein allgemeiner Rahmen sind auch hier notwendig und wichtig. Wir vergrößern die Zeiten des FreiRaums und lassen die unnötigen „Korsette" nach und nach verschwinden. Auch im FreiRaum gibt es klare Regeln. Kinder wissen genau: „Was kann ich tun – was nicht? Wo sind Grenzen? Welche darf ich nicht überschreiten?" Der FreiRaum ist vielen Kindern nicht bekannt. Manche kommen zu uns und haben bereits viele klare Vorgaben und Regeln erlebt, wie etwas zu tun ist und was nicht getan werden darf. Diese Kinder brauchen Zeit, um sich in diesen FreiRaum, der plötzlich zur Verfügung steht einzuleben. Manchmal überschreiten vor allem diese Kinder die Grenzen massiv, weil sie nach der neuen ihnen unbekannten Grenze erst suchen müssen. Andere Kinder wiederum waren bisher noch nicht in Berührung mit einer Gruppensituation, weil eine Bezugsperson mit ihnen war. Wieder andere haben ihren Tag vollkommen frei gestaltet und auch ohne wesentlicher Bezugsperson verbracht. So braucht es gute wahrnehmende Beobachtung, um den FreiRaum an die Kinder langsam und schrittweise heranzuführen. Wir holen die Kinder dort ab, wo sie zu uns in die Gruppe kommen und begleiten sie langsam und Schritt für Schritt in den FreiRaum.

Fassen wir zusammen:

- Helle Räume – natürliches Licht (Tageslicht)
- Weite Flächen

- Rückzugsmöglichkeiten
- Abgrenzungen
- Mehrere Räume (akustische Trennungen)
- TLI Landschaften
- Verschieden hohe Ablageflächen
- TLI – Frei-Raum
- Natur-, Alltags-, Recycle- und Upcyclematerial

Die Begleitung von Kindern in den frühen Lebensjahren

KAPITEL 6
DIE RAHMENBEDINGUNGEN

In den frühen 2000er Jahren wurden eine Reihe von Krippenstudien veröffentlicht und haben der Fremdbetreuung in den ersten drei Kindheitsjahren im Großen und Ganzen ein Armutszeugnis ausgestellt. Es wurde sichtbar, dass Stress steigt, der Betreuerschlüssel viel höher sein sollte und somit der Qualität der Krippenbetreuung wie wir sie bis zu diesem Zeitpunkt hauptsächlich kannten, keine sehr gute Note ausgestellt wurde. Auch der Fokus der Ausbildung von pädagogischen Fachkräften ist immer noch mehr im Bereich jener Kinder angesiedelt, die sich dem Schulalter nähern. Die frühkindliche Begleitung spielt immer noch eine geringere Rolle. Es ist noch immer nicht klar geworden, wie wichtig diese ersten drei Lebensjahre für die gesamte weitere Entwicklung sind.

Vielen Menschen und auch PädagogInnen ist noch nicht bewusst, dass bei unachtsamer Begleitung unsere Jüngsten der Erste Schritt zur Ent-sozialisieren unserer Gesellschaft geschieht. Wie schon in einem früheren Kapitel angemerkt ist es sehr wichtig, dass Rahmenbedingungen zu Hause und in der Betreuungseinrichtung geschaffen werden, die das Kind in seiner stressfreien und natürlichen Entwicklung „ganzheitlich" begleiten. Steht zum Beispiel in der elterlichen Beziehung die Begegnung zwischen Erwachsenem und Kind im Vordergrund, so kann die außerhäusliche Betreuung in einem geringen Stundenausmaß (siehe Kapitel Rahmenbedingungen) sehr wohl vom Kind gut und positiv aufgenommen werden. Ist in der Zeit, wo Eltern mit dem Kind zusammen sind jedoch kein besonderes Augenmerk auf das Kind gelegt, so wird beobachtet, dass die soziale Entwicklung dieser Kinder zu einem gewissen Grad weniger stark gegeben ist. Ist die Bindung seitens der Eltern dem Kind gegenüber nicht möglich, so kann die außerhäusliche liebevolle Begleitung und Bindung zu einer Tagesmutter oder einer pädagogischen Fachkraft in einer Kleingruppe eine sehr wertvolle, bereichernde Unterstützung für das Kind werden *(die elterliche Nähe aber nie kompensieren)*. Große Gruppen von vierzehn bis zwanzig Kinder mit oft nur zwei Begleitpersonen können diese Ergänzung nicht ermöglichen. Daher braucht es Bedingungen, die einen Rahmen für ein individuelles und qualitativ hochwertiges Betreuungsmodell bieten. Nicht jedes Kind braucht das gleiche Betreuungsangebot. Eltern und TLI BegleiterInnen setzen sich zusammen und entscheiden gemeinsam, welche Rahmenbedingungen für dieses eine Kind am besten geeignet sind.

Stell dir jedoch vor, wenn das Kind keine oder wenig direkten Begegnungen zu Hause erfährt und in diesen dreißig bis fünfzig Stunden außerhäuslicher Betreuung die PädagogInnen keine besondere Beziehung zum Kind aufbauen sondern das Kind aus einer akademisierten Ebene betrachten, so wird sich das im sozialen Verhalten stark bemerkbar machen. Eine balancierte Entwicklung des Menschen ist zur Erhaltung von Demokratie und Frieden notwendig. Im Sinne des humanistischen Menschenbildes ist es daher wesentlich, diese Zusammenhänge zu betrachten. So können wir aktiv mitwirken, dass Erwachsenen und Kindern eine liebevolle, friedvolle und nährende Umgebung zur Verfügung steht. Nicht jeder Mensch in unserem nahen Umfeld erfährt im Moment diese mögliche Umgebung.

Personenzahl

Das Verhältnis von „begleitenden" Menschen und Kindern in Gruppen wird in allen Ländern, Orten und Regionen durch Gesetze geregelt. Dies soll einen Mindeststandard garantieren. Diese Regelungen reichen von zwanzig bis dreißig Kinder pro Gruppe in Asien, bis vier oder fünf Kinder pro pädagogischer Fachkraft in skandinavischen Ländern. Ich möchte hier nicht auf standardisierte Regelungen eingehen, sondern vielmehr eine Meinung zum Ausdruck bringen, die von vielen Fachkräften international beobachtet und wahrgenommen wird. Natürlich ist es in Gruppen immer möglich, die bestehenden Strukturen optimaler zu gestalten und somit Kindern nicht nur den vorgegebenen notwendigen Rahmen zur Verfügung zu stellen, sondern darüber hinaus noch weitere Verbesserungen zu bieten. Ob dies passiert hängt mit der Finanzierbarkeit zusammen. Es ist eine traurige Aussage, die wir jedoch tätigen müssen. Daran erkennen wir, wie wichtig Gesundheit und Bildung unserer jungen Menschen ist.

Die Gesellschaft für Seelische Gesundheit in der Kindheit (*German Speaking Association for Infant Mental Health GAIMH*) empfiehlt für die

Kinderbetreuung von Kindern unter drei Jahren, altersgemischte Kleingruppen von sechs bis acht Kindern. Sind die Kinder jünger, so soll der Betreuungsschlüssel „näher bei 1:2 als bei 1:3" liegen *(1 Erwachsener auf 2 Kinder, 1 Erwachsener auf 3 Kinder)*.

In der TLI Gruppe legen wir Wert auf gute Begleitung. So ist bei einer überwiegenden Anzahl von dreijährigen Kindern ein Betreuungsschlüssel von zumindest 1:5, bei mehr zweijährigen Kindern 1:4 und wenn besondere Bedürfnisse vorliegen oder viele einjährige Kinder in einer Gruppe sind - 1:3. Irrtümlich wird oft davon ausgegangen, dass die Arbeit in solch kleinen Gruppen für die TLI BegleiterInnen einfacher sei. Dem ist nicht so. Gerade die kleine Gruppe und das sehr persönliche Miteinander von Erwachsenem und Kind bieten viel Platz für Interaktion und einen intensiveren familiären Rahmen. Das wiederum führt dazu, dass die TLI BegleiterInnen sehr gefordert sind, denn die persönliche Zeit mit jedem einzelnen Kind erhöht sich.

Nicht nur TLI BegleiterInnen sind gefordert. Gerade in diesen ersten drei Lebensjahren ist die Gruppenbetreuung auch für die Kinder selbst eine große Herausforderung. Eine lange Zeit mit Gleichaltrigen zu verweilen führt zu Aufruhr im Kind. Es ist eine emotionelle Anstrengung, bei dem es sehr oft um den buchstäblichen täglichen Kampf geht. Das andauernde Teilen, Geben und Angst haben, etwas weggenommen zu bekommen, bewirkt Stress im Kind. Es aktiviert den Flucht-Angriff-Modus im Gehirn, bei dem hohe Stresswerte entstehen. Es ist heute durch Studien aufgezeigt, dass Kinder in Fremdbetreuungseinrichtungen immer wieder unter massiven Stresseinflüssen stehen. Daher schaffen große Räume mit wenig Kindern das richtige Verhältnis.

Ausreichend Raum bietet die optimale Ergänzung zum hohen Betreuungsschlüssel. So interagieren weniger Kinder miteinander was Konflikt, Streit und Stress im allgemeinen reduziert und somit ein harmonischeres Miteinander schafft. Diese Rahmenbedingungen reduzieren auch den Lärmpegel, was wiederum zur Senkung des Stresslevels bei jedem einzelnen Kind führt. Die kleinere Gruppe an Kindern und viel räumlicher Platz zur Entfaltung bietet einen optimalen Rahmen für die freie Entwicklung des Kindes. In diesem Rahmen haben TLI BegleiterInnen die Möglichkeit, gut zu beobachten und Impulse ganz bewusst zu setzen. Was entstehen kann, ist eine gewisse Form des Nebeneinander, denn Kinder in den ersten Jahren spielen wenig miteinander. Also, sie lieben es eher nebeneinander zu spielen und wollen vor allem jenes Spielmaterial, dass auch das andere Kind gerade hat. Das heißt, grundsätzlich nimmt das Außen eine Rolle ein, die beim Kind das Interesse an verschiedensten Dingen weckt. Durch die hohe Anzahl an TLI BegleiterInnen in einer Gruppe können diese Situationen gut begleitet werden.

Das altersgemischte Zusammensein

Durch die Beobachtung der Umgebung erkannte ich im Laufe der Jahre, dass es eher unnatürlich ist, dass Kinder in den ersten zwei bis zweieinhalb Lebensjahren sich gruppieren. So eine Zusammensetzung gibt es im sozialen Leben eines Kindes, außerhalb der künstlich geschaffenen Gruppe, nicht. Sogar am Spielplatz treffen einander Kinder, Eltern und Großeltern jeden Alters. Auch bei der Familienfeier sind gleichaltrige, ältere Kinder, Erwachsene und alte Menschen zusammen.

Das Gruppeninteresses in Kindern entwickelt sich ab etwa dem dritten Lebensjahr. Es beginnt mit der Definition und Suche nach einem Freund in der Gruppe. Die Gruppenbildung von mehreren Kindern entsteht rund um das vierte Lebensjahr. Diese Zahlen sind nicht in Stein gemeißelt, sondern variabel. So unterscheiden sich Kinder verschiedener Länder und verschiedener Herkunft, sowie sozialem Milieu. Auch ob es bereits Geschwisterkinder gibt, beeinflusst das Gruppenverhalten der einzelnen Kinder stark.

Um Kinder jüngeren Alters optimal zu begleiten ist das wahrnehmende Beobachten notwendig. Dies dient vor allem dazu, dem Kind den optimalen sozialen Rahmen zur Verfügung zu stellen. Das junge Kind wird seine Spielgefährten nicht nach Alter und Geschlecht auswählen. Es nähert sich Menschen allen Alters an, wenn es eine interessante Entdeckung zu machen gibt oder mit dem Menschen in Kontakt treten möchte.

Aus Sicht der sozialen Kompetenz können TLI BegleiterInnen ein entwicklungssensitives Miteinander bewirken, wenn Kinder unterschiedlichen Alters in einer Gruppe zusammen sind. Wird dies mit den passenden Rahmenbedingungen *(ausreichend Platz, hoher Betreuungsschlüssel, geringere Kinderanzahl gesamt in Gruppe)* kombiniert, bietet dies Kindern einen stressfreien Rahmen zum Wohlfühlen. Die TLI BegleiterInnen haben ausreichend Zeit für die punktuelle Begleitung dieser sehr sensitiven Phasen der Kinder und können viel intensiver und sanfter auf die Bedürfnisse der Kinder eingehen. So hat auch das Kind im Gegenzug die Möglichkeit sich Regeln des Miteinander viel schneller abzuschauen und anzunehmen.

In der TLI Gruppe sind diese Rahmenbedingungen angeboten, um das soziale Bewusstsein in Kindern anzuregen. Sind Rahmenbedingungen nicht vorhanden, so können auch qualifizierte Betreuungspersonen das Lernfeld für soziales Miteinander nicht im optimalen Ausmaß bieten.

Passen die Rahmenbedingungen, wird es viel seltener zu einem Zusammenstoß kommen. Während der ersten Monate ist es notwendig bei der Zusammenführung der Gruppe, große Aufmerksamkeit und Unterstützung durch die TLI BegleiterIn zu bieten. Bereits nach den ersten beiden Monaten wird sich diese Aufmerksamkeit verringern lassen. Ist das Miteinander in der Gruppe klar, so fokussieren sich die Kinder vor allem darauf ihre eigenen Wege zu gehen. Je stärker sie bei der Entfaltung aus dem Inneren unterstützt werden, desto mehr werden sie diese Impulse in Alltag leben. Einerseits lieben die jungen Kinder es mit den TLI BegleiterInnen zu interagieren und freuen sich, wenn ihre Ergebnisse wie auch Entwicklungsschritte freudig zur Kenntnis genommen werden. Trotzdem sind Kinder in der Lage eine halbe Stunde, oft sogar eine Stunde oder noch viel mehr nur mit sich selbst und den vorhandenen Materialien beschäftigt zu sein.

Aus Sicht der Erwachsenen ist es meist einfacher, Material für Kinder gleichen Alters anzubieten als die unterschiedlichen Interessen der Kinder zu erkennen und darauf einzugehen. In der TLI Gruppe ist es eine Voraussetzung, dass Kinder entwicklungssensitives Material zur Verfügung gestellt bekommen. Das Interesse des Kindes und der Entwicklungsschwerpunkt sollen das Lernen in einer natürlichen Umgebung ermöglichen.

In TLI Gruppen sind Kinder im Alter von 1- 3 ½ (4) Jahren in einer Gruppe gemischt. In vielen anderen Staaten der Welt sind Kinder eines Jahrgangs gemeinsam in der Gruppe. Die altersgemischte Gruppe wird dort oft abgelehnt. Oft wird hier argumentiert, dass ältere Kinder kein Interesse an kleineren Kindern haben. Ich sehe diese Trennung nicht als notwendig. Sehr junge Kinder suchen und brauchen keine 10 Sekundärbezugspersonen – im Gegenteil. Es reicht ihnen ein bis zwei stabile TLI BegleiterInnen und später weitere ein oder zwei Freunde um sich wohl zu fühlen. Das Kind in den ersten Jahren des Lebens ist nicht auf Peergruppe ausgerichtet. Die gute Altersdurchmischung ist sinnvoll. Jüngere Kinder schauen sich viel von den älteren Kindern ab.

Auch das Argument, dass große Kinder oft zu wild sind und die kleineren, jüngeren Angst haben, kann gelöst werden. Wir bieten gemeinsame Räume, Bereiche und Nischen, wo sich die jungen Kinder zurückziehen können, aber auch Bereiche, wo sich die älteren Kinder allein austoben können und zum „Wild sein" in einen anderen Raum/Bereich zurückziehen können. Ausreichend Platz und optimale Raumausstattung und Einrichtung ist ein wesentlicher Teil der Harmonie schafft.

Hier möchte ich euch gerne die Geschichte von Charlotte und Mia erzählen.

Charlotte ist schon drei Jahre alt, Mia noch nicht ganz zwei Jahre. Charlotte nimmt den roten Buntstift aus dem roten Glas und beginnt zu zeichnen. Mia möchte auch, holt sich ein Blatt und nimmt sich einen gelben Stift aus dem gelben Glas für die ersten Zeichenübungen. Als Charlotte ihren roten Stift zurück in das rote Glas steckt nimmt auch Mia ihren gelben Stift und steckt diesen in das rote Glas. Charlotte nimmt den gelben Stift heraus und hält ihn vor Mias Augen. „Mia, der gelbe Stift gehört in das gelbe Glas", sagt sie und legt diesen sorgfältig dorthin. Mias Augen folgen genau dem, was Charlotte vorzeigt.

Es ist sehr natürlich, dass es ein Miteinander und Nebeneinander, unabhängig von Alter und Entwicklungsstand, gibt. Es soll begrüßt werden und es stellt für die Kinder eine fantastische Form des Lernens im alltäglichen Leben und im Miteinander dar.

Es ist notwendig, dass in dieser Zusammenstellung die TLI BegleiterIn die jeweiligen Voraussetzung zur Betreuung von Kindern der verschiedenen Altersstufen mitbringt. Manche Gruppen einigen sich auch, eine ExpertIn für die jungen und eine ExpertIn für die älteren Kinder in der Gruppe zu haben. Beide werden voneinander unendlich viel lernen können und miteinander ein schönes, harmonisches Gefüge bereit stellen.

ExpertInnen sind nicht unabdingbar jene Personen, die viele Jahre die Schulbank drückten. Viele Faktoren führen dazu, dass jemand sich zur ExpertIn in einem Bereich qualifiziert. Wissen, Weiterbildung und Schulung, sowie Praxis und das Erleben von unterschiedlichen Methoden, sind notwendige Tools für die optimale Begleitung von Kindern. Besonders wichtig ist jedoch, wie gut die TLI BegleiterIn beobachten und die Bedürfnisse der Kinder wahrnehmen kann. Einfühlsame Menschen werden sich in der Rolle der TLI BegleiterIn oft viel leichter tun als Menschen, die nach Lehrbuch vorgehen möchten.

Die Anzahl von Kindern in einer Gruppe

Die Begleitung von Kindern in einer Gruppe bedeutet auch, dass TLI BegleiterInnen sich ganz genau überlegen müssen,
- wie sie Räume gestalten wollen
- wie Abläufe passieren können
- wann Stoßzeiten sind und wie damit umgegangen wird
- wer wem zu Hilfe kommen kann
- welche Ideen, Konzepte, Ansätze u.a. umgesetzt werden sollen
- und vieles mehr ...

Dabei soll jedes einzelne Kind und seine Entwicklung immer als Richtwert und als Wegweiser dienen. Wir erkennen die Vielfalt an sozialen Lern- und Entwicklungsfeldern für alle, und dass Lernen ganz natürlich geschieht. Die Vielfalt ist in allen Bereichen gegeben, denn jüngere Kinder beobachten die Älteren und werden dadurch Impulse erhalten, die sie ganz natürlich umsetzen können, ohne den

Erwachsenen zu brauchen.

Wichtig ist, dass TLI BegleiterInnen sich viel Zeit zum Beobachten nehmen. Unachtsame Verhaltensweisen der älteren Kinder im sozialen Miteinander sollen liebevoll korrigiert werden, denn die jüngeren Kinder werden die Verhaltensweisen als natürlich absorbieren und annehmen.

Die Anzahl an Kindern im Verhältnis zu den Betreuungspersonen ist von vielen Faktoren abhängig.

Frage dich:

1. Wie viele Erwachsene brauchen wir, um TLI BegleiterIn zu leben?
2. Oder ... auf Grund der Anzahl der Erwachsenen in der Gruppe können wie viele Kinder maximal unterstützt und begleitet werden?
3. Wie viel Erfahrung bringt jede einzelne TLI BegleiterIn im Team mit und wie viel traut sich jeder zu?
4. Wie viel Balance entsteht durch ältere Kinder in der Gruppe? (altersgemischt, altersgleich)?
5. Wie viele Räume sind vorhanden?

Während grundlegende Merkmale in einer TLI Gruppe gleich bleiben, sind die Rahmenbedingungen im Allgemeinen in jeder Gruppe etwas anders. Die Anzahl der Erwachsenen im Verhältnis zu den Kindern kann sich ändern!

Das einander Helfen, das harmonische Spiel, sowie Akzeptanz, Toleranz, Achtsamkeit, das Miteinander sowie andere Verhaltensweisen werden in diesen Jahren kennen gelernt. TLI BegleiterInnen sollen das Augenmerk genau auf diese Punkte legen. Hier ist es wichtig, Kinder nicht in gute und böse zu unterteilen. Sie haben ihre bisherigen Erfahrungen genutzt und umgesetzt. Was sie brauchen, um eine Gruppe zu werden, ist ein klarer Rahmen und ein liebevolles Miteinander. Korrekturen im Verhalten können passieren und werden durch sanfte Begleitung ganz natürlich und ohne Wertung geschehen.

Ausreichend Platz erlaubt den Kindern das freie Agieren und natürliche Bewegen. So werden Kinder weniger oft in ihrem Schaffensdrang eingeschränkt und ruhiger. Ausreichend Platz bedeutet auch, dass die Kinder sich besser verteilen und somit ein harmonischeres Miteinander durch ein geringeres Konfliktpotenzial geschaffen wird. Geringere Kinderanzahl ermöglicht auch mehr Interaktion mit dem Erwachsenen. Der geringere Lärmpegel ermöglicht Entspannung. Ein entspannter Geist kann sich besser konzentrieren und lernt schneller.

Über die Stunden der Anwesenheit von Kindern in Gruppen

Die sehr jungen Kindern in einer Gruppe sind wie wir alle wissen, unzähligen Einflüssen ausgeliefert, die dann im Gehirn verarbeitet werden müssen. Reize, Emotionen, verbale Kommunikation, etc. können schnell zur Reizüberflutung in dem einen oder anderen Bereich führen. Es gibt viele Herausforderungen, die auf sie einwirken.

Der Lärmpegel ist sehr unterschiedlich zur häuslichen Umgebung. Rhythmen sind anders gestaltet, Räume anders strukturiert, etc. Es trifft auf beinahe alle Rhythmen zu, wie Essen, Schlafenszeiten, Aktivitäten, Angebote. Grenzen und Regeln werden ausgelotet, kleine Kämpfe untereinander aber auch mit den Erwachsenen passieren immer wieder.

Das Kind ist in ständigem Wachstum und durchwandert viele sensitive Phasen. Es wird all die erlebten Eindrücke verarbeiten. Es wird Tage geben, wo die Kinder nicht in die Gruppe kommen wollen und es wird Wochen geben, wo es eine große Freude ist.

Bei den ganz jungen Kindern (bis 18 Monate) empfiehlt es sich in den ersten sechs Monaten eine Wochenstundenanzahl von 15-20 Stunden nicht zu überschreiten. Kinder sollen auch hier gut beobachtet werden. Wann wird ein Kind müde? Wann zieht es sich zurück? Wann beginnt es sich zu verteidigen, zu schlagen, etc.? Wie lange bewegt es sich aktiv im Raum? Alle diese Punkte werden helfen die optimale Zeit für die einzelnen Kinder zu wählen.

Das Kind soll von den TLI BegleiterInnen und Eltern sehr genau beobachtet werden. Gerade sehr junge Kinder sprechen noch nicht oder drücken ihre Befindlichkeiten noch nicht klar über die Sprache aus. Es ist wichtig, dass die Zeit in der Gruppe intensiv erlebt werden kann. Die Zeit kann sich mit zunehmendem Alter strecken.

Das Erlebte wird seitens des Kindes auch oft durch Emotionen oder physische Veränderungen verarbeitet wie z.B. das Kind weint, wenn es abgeholt wird, es schläft sehr tief und länger zuhause oder es schläft in der Nacht unruhig. Es kann auch zu dem Wunsch kommen, viel Zeit mit Mama oder Papa zu verbringen und plötzlich weint das Kind, wenn Mama oder Papa nur den Raum zuhause verlassen. Alles das sind Momente, wo Kinder die Zeit und die Erfahrungen aus der Gruppe verarbeiten. TLI BegleiterInnen nehmen diese Bedürfnisse der Kinder wahr. Es braucht gute Kommunikation mit den Eltern, um auf diese Situationen einzugehen. Kinder, die nur kurze Zeiten in einer Gruppe verbringen, können die Eindrücke oft sehr einfach und schnell verarbeiten und fühlen sich wohler.

Grundsätzlich soll bei Kindern unter 3 Jahren die Zeit in der Gruppe 30-35 Stunden pro Woche nicht übersteigen. Für Kinder unter 2 Jahren raten Studien im Allgemeinen 15-25 Stunden pro Woche maximal zu planen. Wie gesagt, jedes Kind ist individuell und einzigartig.

Es ist nicht nur die Dauer für das Wohlergehen der Kinder ausschlaggebend. Wie schon klar aufgezeigt, sind auch die Bedingungen, die das Kind in der Gruppe vorfindet, sehr wichtig. Der Faktor Stress soll vermieden werden. Etwas schnell oder mit Druck zu tun sind kontraproduktive Mechanismen, die wir in TLI Gruppen nicht anwenden wollen. Sind Kinder in Gruppen, in denen sie viel Stress erleben, brauchen sie viel Zeit zum Verarbeiten, Kuscheln, Halten, Still sein und ganz viel gemeinsames Tun zuhause. Auch der Lerneffekt, welchen das Kind durch die vorhandenen Materialien, Angebote und Impulse hat, verringert sich, wenn die Rahmenbedingungen nicht passen. Langfristig macht es somit keinen Sinn. Kinder brauchen in diesen Jahren vor allem Zeit, Ruhe und natürliches Wachsen. Ich kann dies nicht oft genug betonen. Kinder beginnen sich in diesen Jahren selbst zu erleben und zu spüren. Die Sensibilität dieser ersten Jahre ist vermutlich in seiner ganzen Auswirkung immer noch nicht bekannt.

Der Tagesablauf in einer TLI Gruppe

Kinder nutzen Strukturen und Rahmenbedingungen, um Halt zu finden. So empfiehlt es sich eine Regelmäßigkeit im Ankommen des Kindes mit den Eltern zu vereinbaren. Ähnliche Zeit und gleiche Tage bieten dem Kind die Chance eine ähnliche Situation vor Ort vorzufinden. Die Regelmäßigkeit ergibt sich aus den Betreuungszeiten der Eltern, soll aber die Bedürfnisse der Kinder keinesfalls außer Acht lassen. In TLI Gruppen können Kinder zu unterschiedlichen Zeiten des Tage kommen. Es gibt keine bestimmte Zeit, zu der alle Kinder vor Ort sein müssen. Wichtig ist, dass jedes einzelne Kind seinen Rhythmus hat. Beim Ankommen nehmen wir jedes Kind ganz bewusst entgegen und begleiten es in den Tag. Diesen Halt geben wir, bis das Kind sich in der Tagessituation zurecht gefunden hat und angekommen ist. So ist die Orientierungsphase bei jedem Kind ganz individuell zu gestalten. Wichtig dabei ist das Kind in der Gruppe zu ankern. Deshalb holen TLI BegleiterInnen Kinder immer ab oder nehmen direkt in der Gruppe beim Kommen mit den Kindern Kontakt auf. Die Begegnung ist hier das Instrument des täglichen Bindungsaufbaus. In *TLI Pedagogics* gibt es keine Großgruppenaktivitäten im Tagesgeschehen.

Die Kinder bewegen sich frei und wählen das Spielmaterial in der Umgebung. Bei der Verwendung der Materialien sind die vorgegebenen Regeln zu beachten *(Dazu mehr im Thema Regeln)*. Impulse finden über den Tag verteilt statt. Konzentrationsphasen ergeben sich durch die angebotenen Spielmaterialien, die Impulse und das gemeinsame Spiel. Sie ergeben sich natürlich im Tagesgeschehen. Bildungsangebote werden von den Kindern oder von entstehenden Situationen initiiert. Aktivitäten können auch über einen Impuls seitens der TLI BegleiterInnen angeregt werden. Ziel ist es den Biorhythmus der einzelnen Kinder bestmöglich aufrecht zu erhalten. Es gibt eine gleitende Jausen-Zeit sowie gleitendes Mittagessen. Rasten und Schlafen kann das Kind im Tagesgeschehen zu jenem Zeitpunkt, wo es wirklich müde ist. Einen Platz zum Zurückziehen stellt der TLI-Sinnesraum oder ein ruhiger Schlaf- und Ruhebereich dar. Jedes Kind hat eine Ausklangsphase. Eltern kommunizieren, wann das Kind abgeholt wird. Die *TLI-BegleiterIn* achtet darauf, dass sie das Kind rechtzeitig *(ist individuell nach Kind zu gestalten)* informiert, dass nun bald die Zeit des Abholens ist. Jetzt beginnt die Zeit das Spiel zu Ende zu bringen, noch ein kurzes Gespräch zu führen, was so alles heute bewegt hat und einen sanften Abschluss zu finden. Sowohl in der Früh, als auch am Abend soll Informationsaustausch zwischen kommenden Elternteil und TLI-BegleiterIn erfolgen. Ein sanfter Übergang wird in beiden Situationen begleitet.

Die Jausen – und Mittagssituation:

Die Mittagssituation soll den Alltag zu Hause oder jenen einer Familie so gut als möglich nachleben. Somit sind einige Grundlagen vorhanden, die Einfluss nehmen. Daher sind neben den ganz normalen Grundregeln wie vor dem Essen Hände waschen, etc. viele kleine Schritte zu beachten, um die Mittagssituation zu einem ruhigen und stressfreien Miteinander und einem angenehmen Zusammensein zu gestalten. Es findet ein gleitendes Mittagessen sowie gleitende Jausen statt. Empfehlenswert ist es, dass zirka 3 Kinder mit einer Begleitperson das Essen oder die Jause einnehmen. So kann bestmögliche Unterstützung geboten werden. Die Kinder sind beim Tisch decken und vorbereiten mit eingebunden. Sie können Obst, Gemüse schälen, Butter oder Aufstriche streichen, Salat vermischen, etc. Wenn möglich soll sich der Essensbereich in der Küche oder Nahe der Küche, weg vom täglichen Spielbereich befinden. Kinder, die sehr hungrig sind, kommen meist ganz natürlich am Beginn der Essenszeit und Kinder, die noch länger spielen wollen eher am Ende der Mittagsessenszeit zum Tisch. Kinder, die am Ende der Essensphase noch nicht teilgenommen haben, werden persönlich angesprochen und zum Essen eingeladen. Wann die Essenszeit beginnt wird bei jeder Gruppe unterschiedlich sein. Auch innerhalb eines Jahres verändert sich dies durch das Heranwachsen der Kinder. Ist ein Kind zu müde, so kann es auch erst rasten und schlafen und danach seine Mahlzeit einnehmen. Die Kinder müssen nicht warten, bis alle Kinder das Essen haben. Es darf jedes Kind sofort beginnen. Die TLI-BegleiterInnen sind für die Kinder da und bleiben beim Tisch sitzen. Gerne können sie auch mitessen und parallel den Kindern die nötige Hilfe und Unterstützung geben. Kindern soll das gesunde Essverhalten erhalten bleiben. Sie müssen nicht kosten, denn ganz natürlich wissen wir, dass Kinder essen, was ihnen schmeckt. Kinder sollen nicht aufessen müssen. Wir wollen die natürliche Körperwahrnehmung der Kinder aufrecht erhalten. Möchte ein Kind beim Essen stehen, anstatt zu sitzen, so ist dies auf jeden Fall möglich. Grundregeln gibt es; wie zum Beispiel – mit dem Essen beim Teller bleiben. Wenn ein Kind mit dem Essen fertig ist, so kann es gerne aufstehen und Hände waschen gehen. Warten ist nicht notwendig. Obst und/oder Gemüse soll den Kindern ganztägig zur Verfügung stehen. Zuckerprodukte vermeiden wir vollkommen in der *TLI-Gruppe*. Zucker ist in vielen Grundnahrungsmitteln bereits vorhanden. Es braucht keinerlei weitere Zuckerprodukte, um Kindern Glucose zur Verfügung zu stellen. Balancierte Ernährung kann mit Fleisch, vegetarisch oder vegan angeboten werden. Dazu sind die jeweiligen Ernährungstabellen heranzuziehen. Wir achten auf regionale, saisonale und natürliche Lebensmittel und vermeiden jene mit künstlichen Inhaltsstoffen wie z.B. Fast Food.

Die Essenssituationen im Gruppenalltag werden nicht als Lernfläche zur Sozialisation verwendet. Die Selbstständigkeit und das Nahrung aufnehmen stehen im Vordergrund. In diesem Sinne erkennen wir auch hier die natürliche Entwicklung des Kindes an und orientieren uns am Entwicklungsinteresse des Kindes. Essrituale und Tischkultur wird vorgelebt und gemeinsam praktiziert.

Fassen wir zusammen:

- Es ist eine Herausforderung für Kinder nur mit Gleichaltrigen zusammen zu sein
- Mehr Räume, ausreichend Platz und wenig Kinder schaffen das richtige Verhältnis
- Suchen wir die natürliche, gesellschaftliche Struktur der Altersmischung: Kinder, Erwachsene, ev. Senioren usw.
- Sind wenig sehr junge Kinder in der Gruppe - können TLI BegleiterInnen intensiver den Schwerpunkt auf die sensiblen

Phasen legen
- „Menschliche" ExpertInnen sind sehr gefragt
- Die Frage der Kinderanzahl beinhaltet die Frage nach den geplanten Abläufen und Rahmenbedingungen
- Das Kind und seine Entwicklung ist immer Richtwert und Wegweiser
- Sehr junge Kinder sollen nur wenig Stunden in einer Gruppe verbringen
- Der Faktor Stress soll vermieden werden
- Offener Tagesablauf mit viel Spiel und freiem Lernen aber Strukturen zum Anhalten

KAPITEL 7
DAS SPIEL

Lasst uns die Idee – Kinder belehren zu müssen - vergessen ....
Lasst uns den Kindern ausreichend Zeit zu Spielen schenken ...
So lernen sie, sich zu entwickeln und ihr Potenzial zu entfalten!

- Marion Hopfgartner

Das Spiel ist der Mittelpunkt und die Hauptaufgabe des Kindes. Im Spiel lernt es, nimmt wahr und entfaltet sich. Es erkennt Grenzen und Möglichkeiten. Der gesamte Körper ist mit dabei. Alles wird voll und ganz erfahren und erlebt. Der Ernst des Lebens ist für das junge Kind noch nicht greifbar und verstehbar. Daher nutzt es die Lernform „Spiel". Bis in die frühen 90er Jahre war das Spiel in elementaren Bildungseinrichtungen nicht sehr gerne gesehen und gewünscht. „Das Kind lernt ja nichts!" Bis heute hat sich diese Meinung bei so manchen pädagogischen Fachkräften und auch den Eltern gehalten. Das Spiel wurde als etwas betrachtet, dass keinen Platz bei der wahren Bildung hat und nur Zeitvertreib ist. Das Kind aber soll lernen.

Spiel soll nicht oberflächlich sein. Spiel braucht Zeit. Kinder brauchen freies Spiel, um ihre Kreativität entfalten zu lassen. Zu frühe Förderung oder Frühförderung kann sich laut Forscher später als ADHS, Verhaltensprobleme oder andere Störungen beim Kind bemerkbar machen.Während Kinder sich im Allgemeinen für einen langen Zeitraum auf ein Spielmaterial konzentrieren können, so ist es bei übergroßem Spielangebot oft so, dass sehr junge Kinder häufig zwischen den angebotenen Spielmaterialien wechseln.

Das tägliche Spiel, welches die Hauptaufgabe des sehr jungen Kindes darstellt, trägt maßgeblich zur Entwicklung des Kindes bei. Ja wir könnten sagen, es ist der Motor der Entwicklung. Dank Neurobiologie und Wissenschaft verstehen wir heute, dass die Lernprozesse der Kinder sehr individuell sind. Viele der Entwicklungsprozesse sind uns heute bekannt. Im Spiel können TLI BegleiterInnen sehr gut erkennen, in welchen Bereichen sich das Kind gerade entwickelt.

Meine praktischen Erfahrungen haben mich zu dem Ergebnis geführt, dass gerade in den ersten Lebensjahren alle Entwicklungsraster, Tabellen und festgelegten Norm-Maße wenig relevant sind. Das Kind entwickelt sich verschieden schnell in den einzelnen Bereichen. Während sich bei dem einen Kind die Motorik rasend schnell entwickelt, wird bei einem anderen dieser Bereich weniger aktiviert – hingegen wird die Sprachentwicklung vorangetrieben.

Viele Kinder entwickeln sich in diesen ersten Lebensjahren nicht dem „Lehrbuch" gemäß und TLI BegleiterInnen sind als Beobachter aufgerufen, das Kind in seiner Entfaltung voll und ganz wahrzunehmen. Um sich das notwendige Wissen anzueignen, können Lehrbücher über die Entwicklung von Kleinkindern unterstützend herangezogen werden. Im Falle der Annahme einer starken Entwicklungsverzögerung, ist es immer möglich eine ExpertIn aus diesem Bereich in die Gruppe zur Beobachtung einzuladen. Diese Gruppe von Kindern wird in diesem Buch nicht behandelt.

Im Allgemeinen unterstützt die TLI BegleiterIn das Kind in den ersten Lebensjahren in seiner freien Entwicklung und sieht keinerlei Notwendigkeit gezielte Förderprogramme oder Förderaktivitäten zu setzen. Wir sind im Fluss mit dem Kind und begleiten es bei seiner individuellen Entwicklung. Es kommt zur „Selbstgesteuerten Entwicklung". Das Kind folgt seinen Impulsen, die aus ihm heraus kommen und letztendlich „Lernen" sind. So können wir die Entwicklung des Kindes nicht nur beobachten, sondern auch im Entwicklungstagebuch festhalten.

Im Spiel kommt es zu wiederholten tiefen Konzentrationsphasen und zur Entspannung. Diese beiden wechseln sich natürlich ab. Das heißt das Spiel wird zum Lernen und Lernen wird zum Spiel ohne Anstrengung. Im Spiel kommt es ohne großes Zutun zur ganzheitlichen Entwicklung. Kognitive Entwicklung, Denken, Kombinieren, Zuordnen, etc. Es entstehen tiefe Konzentrationsphasen. Kinder planen, strukturieren und entwickeln Strategien. Es kommt zum Erwerb von Wissen. Zusammenhänge und Wirkungsweisen werden erkannt, verstanden und ganzheitlich erfasst. Motorische Fähigkeiten wie Feinmotorik, Geschicklichkeit, etc. wird entwickelt. Wenn du Kleinkinder beobachtest, so hast du sicher schon bemerkt, dass in dem

Kind eine Flamme an Begeisterung lodert. Das Kind „will" sich entwickeln, wissen und somit lernen. Es möchte alles entdecken können. Diese dem Kind innewohnende Kraft soll genutzt werden und sich entfalten dürfen. Das gilt nicht nur für kognitive Lernthemen, sondern auch für soziale Kompetenz und Selbstkompetenz.

Die sozio-emotionelle Entwicklung wird sich ganz natürlich im Kind entfalten. Das Kind stößt an seine Grenzen, überwindet seinen inneren Konflikt, lernt Geduld und Ausdauer und seine Gefühle kennen. Regeln sind die Basis für gutes Spiel und werden vom Kind gerne akzeptiert. Kinder können ihre Fantasie, Kreativität, Ideen und Vorstellungen ausleben.

„Selbstgesteuerte Entwicklung" und das freie Lernen im Spiel kann durch viele Beschreibungen erklärt werden. Verschiedene Gehirnregionen werden angeregt. Stellt die Dipl. TLI BegleiterIn das entwicklungssensitive Material zur Verfügung, so kommt es zur optimalen Lernentfaltung. Es gibt daher keine Notwendigkeit Förderprogramme für das einzelne Kind zusammenzustellen, sondern die Entwicklung des Kindes zu beobachten und optimal zu begleiten. Beim natürlichen und freien Spiel lernt das Kind sich kennen. Es entwickelt durch Begleitung des Erwachsenen und durch Lernen am Modell die Fähigkeit der Selbstregulation und Selbststeuerung. Es wirkt die „Selbstgesteuerte Entwicklung" Das Kind folgt seinen Impulsen, die aus ihm/ihr herauskommen und letztendlich „Lernen" darstellen. Das Spiel ist „Lernen ohne Anstrengung". Das Spiel kann mit jeder Lerntheorie und Lebensform kombiniert werden. Anbei liste ich einige Ideen die häufige Variationen des Spielens als Lernen darstellen:

Spielen + Leben = Lernen
Die meisten Lernimpulse geschehen nicht nur in den ersten Kindheitsjahren, sondern vermutlich ein Leben lang, einfach durch das Leben. Es ist nichts Großartiges zu leisten oder zu tun. Jeden Tag bieten sich uns viele Möglichkeiten etwas zu lernen – und das geschieht einfach nur dadurch, dass wir leben.

Spielen + Irren = Lernen

Gerade wenn ein Kind sehr aktiv ist und viel Neues ausprobiert, geschieht das Natürlichste der Welt. Es wird Fehler machen, es wird sich irren. Irren ist menschlich und gehört zum Lernen dazu. Je mehr Fehler ein Kind macht, desto mehr Lernerfahrungen finden statt. Irrt sich das Kind, so soll es motiviert werden, sich einen neuen Weg zu überlegen. Es erkennt auch, dass es so nicht geht. Lernen geschieht auf vielen verschiedenen Ebenen.

Das Spiel bewirkt all das. Ist der Turm zu hoch, stürzt er um. Ist die Brücke zu niedrig, passt kein Auto durch. Sind die Bausteine zu wenig, wird der Tunnel nicht fertig, sind die Bausteine zu viel und werden ausgeleert, so gibt es jede Menge einzuräumen.

In jedem Moment lernt das Kind. Es hat Spaß dabei. Es bemerkt nicht, dass es lernt und Fehler macht, da es einen ganz anderen Bezug zum Thema „Fehler" hat. Lernen ist keine Anstrengung, so wie es den meisten von uns bekannt ist. Es ist einfach nur etwas, das ganz natürlich geschieht.

Spielen + Entfalten = Lernen
Das Kind braucht seinen Platz zum Spielen. Wenn es diesen Platz gefunden hat, dann kann es sich entfalten. Wenn es sich entfalten kann, dann entspannt es sich mehr und mehr und dabei öffnet es alle wissbegierigen Türen und Tore seines Seins um Neues aufzunehmen.

Spielen + Beobachten = Lernen
Nicht nur TLI BegleiterInnen sind Beobachter. Auch das Kind ist in jedem Augenblick achtsam und bereit Neues zu sehen, zu absorbieren und selbst umzusetzen. Es ist Beobachter geworden. Dieses Beobachter sein ist im Unterschied zur TLI BegleiterIn ein entspanntes und einfaches Aufmerksam sein – welches zu einem hohen Lerneffekt führt. Ein wichtiger Schritt im Lernen ist entspannt zu sein. Je entspannter das Kind, desto mehr kann es lernen. Druck und Stress, Schnelligkeit und Ungeduld führen unweigerlich zur Lernverweigerung oder auch zur Spielverweigerung. Wenn wir vom Kind zu viel verlangen oder zu enge Grenzen setzen, dann wird wenig Spiel- oder Lerneffekt angeregt. Das Spiel wird motorisch werden und wenig Nachhaltigkeit beinhalten sowie viel Wiederholung benötigen. Dies geschieht manchmal, wenn durch zu viel Angebot keine Zeit für das

wahre Spiel bleibt. Es ist schön, wenn TLI BegleiterInnen sich eine Fülle an Ideen überlegen, diese planen und vorbereiten. Wann immer Impulse notwendig sind, können sie gerne eingesetzt werden. Im Allgemeinen aber gilt in *TLI Pedagogics* – lasst den Kindern ihr freies Spiel. Es ist mir wichtig nochmals darauf hinzuweisen, dass Kinder in diesem Alter keine Leistung zu erbringen haben. Es soll kein leistungsorientiertes Miteinander sein.

Spielen + Eigenmotivation = Lernen
Dieser Punkt wurde in einem früheren Abschnitt bereits kurz von mir angedacht. Das junge Kind nimmt sehr gerne Impulse vom Außen an. Es liebt es gemeinsam mit seiner Umgebung zu sein, im Mittelpunkt aller Aufmerksamkeit zu stehen und sich darin zu sonnen und zu bewegen. Es ist sehr bemüht, durch korrektes Verhalten ein positives Feedback vom Erwachsenen zu bekommen. Es möchte beobachtet werden, es möchte Anerkennung erhalten und es möchte lernen. Darum wird jede positive Interaktion mit dem Kind sehr begrüßt, denn es regt genau diese zwischenmenschlichen Lerneffekte an Die Zuwendung und Anerkennung durch Aufmerksamkeit und Interaktion wird von dem, was meist als Lob bekannt ist unterschieden.

Es muss uns bewusst sein, dass Lernen durch Verstärkung (*Lob*) zu einer gewissen Abhängigkeit und Entfremdung von der „selbstgesteuerten Entwicklung" führt. Wird das Kind langfristig betrachtet auch dann lernwillig sein, wenn es kein Lob erhält, wenn es nicht im Mittelpunkt steht und wenn es durch Phasen der Anstrengung geht, um ein Ergebnis zu erreichen? Oder wird es dann einfach sagen, „Ich mag mich damit nicht beschäftigen," und es unterlassen. Müssen die Stimulantien die das Kind motivieren immer stärker werden um den gleichen Effekt zu erzielen? Anerkennung, Bewunderung und Begeisterung für das Kind unterstützt natürlich sein Wachstum, aber es soll nicht ständig eingesetzt werden. Überhäuftes Lernen durch Verstärkung (*Lob*) kann dazu führen, dass Kinder sich mehr an der erbrachten Leistung orientieren, als an der aus ihnen entspringenden Kraft. Lob hat vor allem dort Platz, wo ein Kind sehr lange an einer Herausforderung im Spiel festgehalten, sich oft geirrt und nach langem

Versuchen es endlich geschafft hat. Es gibt wohl nichts Schöneres als in die glücklichen, strahlenden Augen eines Kindes zu sehen, dass gerade etwas Großartiges das erste Mal geschafft hat und durch die Freude des Erwachsenen seine Eigenfreude erhöht wird. Hier hat Lob sicher Platz. Sobald das Kind die Tätigkeit aber versteht und ausführen kann, braucht es kein weiteres Lob mehr.

Wertschätzung jedoch soll das Kind immer erfahren. Wertschätzung ist jene Haltung, die wir als TLI BegleiterInnen großen und kleinen Menschen ständig entgegen bringen. Wir anerkennen jeden in seiner Einzigartigkeit.

Was ist meine Kernaussage? Anerkennung und Begeisterung durch die TLI BegleiterIn sollen dazu führen, dass sich die Eigenfreude, die Eigenmotivation, die Eigenliebe sowie die persönliche Anerkennung erhöhen. Es soll nicht dazu führen, dass die aus dem Kind herauskommende Kraft der Eigenmotivation abstumpft oder gar vollkommen abgetötet wird. Ist nur noch fremdgesteuerte Motivation jene, die das Kind antreibt und bewegt, dann werden Kindern langfristig nur noch etwas tun (=*Leistung erbringen*), wenn sie dafür etwas bekommen *(nur das Zimmer aufräumen, wenn es von außen die Aufforderung erhält, nur lernen, wenn ein Impuls von außen kommt ... u.v.m.)*. Dann werden Wörter wie „du musst" zu oft verwendet, was wiederum zu einem weiteren Abstumpfen und viel Konflikt zwischen Erwachsenen und Kind führt. Auch fordern viele Kinder, die sehr an Leistung orientiertes Tun erleben, Belohnungen für ihr Tun ein. So beginnt ein Kreislauf, der nach längerem Bestehen nur schwer durchbrochen werden kann, weil die Muster sich bereits tief in das Kind eingeprägt haben. TLI BegleiterInnen versuchen bereits in den ersten Kinderjahren ganz andere Impulse zu setzen.

Natürliche Erlebnisbereiche führen zur freien Entwicklung, die aus dem Inneren des Kindes kommen und das Erlernte nachhaltig wirken lassen.

Der Impuls ...

Es ist empfehlenswert, weniger Arbeit, Spiel oder Aktivität und mehr

Impuls zu geben. Der Impuls ist ein Moment, wo wir als TLI BegleiterInnen in die Situation oder in das freie Spiel des Kindes für einen kurzen Augenblick eingreifen und eine „Spur" oder einen „nächsten Schritt" beginnen, legen oder hinterlassen.

Die Spur hinterlässt etwas – und das Hinterlassene ist ein Impuls oder Anreiz. Dieser Impuls oder Anreiz wiederum führt dazu, dass die Kinder auf neuen und interessanten Wegen, Spuren und Ideen zu wandern beginnen. Der Impuls ist neutral und soll nicht als Objekt der „Motivation" verwendet werden. Es ist ein kurzer Moment, in dem die TLI BegleiterInnen in das freie Spiel des Kindes eine „Spur" legen oder hinterlassen und somit dem Spiel eine neue Idee geben. Das Kind ist immer frei den Impuls anzunehmen oder nicht. Er ist zeitlich kurz und beinhaltet keinen von der TLI BegleiterIn gesetzten Anfang und auch kein Ende.

Ein Impuls wird dann gesetzt wenn:

- Kinder Langeweile zeigen, die in un-wohl(heil)bringendes Handeln führen. Nicht alle Langeweile ist schlecht. Wenn Kinder einfach nur vom Tagesgeschehen rasten, sich zurückziehen und beobachten, dann sind dies Zeiten, wo sie Kraft tanken oder Abstand nehmen und durch das Beobachten weiterlernen. Langeweile ist etwas vollkommen Natürliches und muss nicht unterbunden werden. Kinder müssen nicht immer aktiv sein. Führt es zu Chaos oder verletzenden Handlungen, dann ist ein Impuls sinnvoll. TLI BegleiterInnen werden diesen Moment gut erkennen, wenn wahrnehmende Beobachtung stattfindet und somit rechtzeitig den Impuls geben. Dabei ist es wichtig, unnötige Impulse zu unterlassen, denn Kinder sollen sich aus Eigenmotivation und aus sich heraus im Tagesgeschehen entfalten können.

Ein Impuls wird auch dann gesetzt wenn:

- wir Orientierung geben möchten. Durch die Funktion des Beobachtens können wir die Entwicklungsfelder und das Entwicklungsinteresse von Kindern sehr gut wahrnehmen, einschätzen und erkennen. Zum Beispiel können im Laufe des Tages Impulse gegeben werden, die dem Kind helfen, Verhaltensweisen anderer Kinder zu verstehen, die sie vielleicht beunruhigen, nervös machen oder traurig machen. Als „Impulse" können auch neue Spielmöglichkeiten, wie zum Beispiel ein Werkzeug, Gerät, Spiel u.a., verwendet werden.

Impulse werden zum Beispiel durch Vorleben des Erwachsenen gesetzt oder durch andere Kinder in der Gruppe. Ein Impuls oder Anreiz findet auch dann statt, wenn Gefühle oder Gedanken ausgedrückt werden. Der Impuls kann auch ein Materialimpuls sein, der im Raum angeboten wird ohne sich selbst als Erwachsener einzubringen. So können wir ein neues Material, Gerät, Spiel oder anderes in die Gruppe oder in den Raum stellen. Im Malbereich könnte ein neues Material zum Beispiel - Stempel, feine Pinsel, Walzen, Schwämme, Murmeln, große Steine, Karton, Rollen, Holz, usw. – sein. Eine Wanne mit Kastanien, ein großer Korb mit Holzkluppen, große farbige Kartonrollen und farbige Kugeln, etc. stehen im Raum, auf einem Tisch, etc. Alles das sind freie Impulse.

Wie könnte nun ein Impuls erklärt werden. Am Beispiel Walze kann dies sehr gut beobachtet werden.

Charlotte sieht die Box, die ich in den TLI Bereich für Malen Gestalten und Kreativ-sein gestellt habe. In der Box befinden sich verschieden große Walzen. Meine Regel ist einfach. Die Walze bleibt in diesem Bereich. Ich überlege mir auch was so gar nicht erwünscht ist (die Walze kaputt zu machen, etc). Das bespreche ich aber noch nicht, sondern beobachte, ob es meine Anleitung braucht. Ich werde zum Beobachter. Ich gebe Charlotte keine Farbe sondern nur eine Box mit drei verschieden großen Walzen. Mal schauen, was Charlotte mit den Walzen tun wird? Charlotte nimmt eine Walze, dreht und wendet sie und entdeckt, dass ein Teil des „Dings" sich bewegt. Sie beginnt mit ihrer Hand zu drehen. Jetzt hält sie bereits ihre flache Hand an den drehenden Teil der Walze. Kaum eine Minute später walzt Charlotte den Tisch. Es ist keine Farbe da. Es ist einfach nur die Walze. Sie walzt den Boden und dann die Wand rund um sich herum.

Kinder, die bereits einen Maler beobachtet haben würden hier vielleicht bereits nach Farbe fragen, aber Charlotte nicht. Es wird nun auf dem Tisch, am Boden, an der Wand gewalzt und immer weiter, solange, bis der eigene aus dem Innen kommende Impuls aufhört. Es kann sein, dass Charlotte die Walze auch ir-

gendwann für etwas ganz anderes verwenden möchte.

In der Beobachtung des Kindes können wir uns nun bereits den nächsten Impuls überlegen. Zu jenem Zeitpunkt, in dem das Kind keinen weiteren eigenen Impuls mehr setzt oder wenn das Interesse abnimmt *(das kann am ersten Tag oder erst nach Tagen erfolgen)* werden wir, das was dem Kind am natürlichsten war, aufgreifen. Hat es vor allem am Boden gespielt, werden wir vielleicht einen sehr großen Bogen Papier am Boden auflegen. Hat das Interesse vor allem die Wand betroffen, dann können wir einen riesengroßen Bogen Papier, der um vieles höher hinauf reicht als das Kind, aufhängen. Hoch hilft dabei, dem Kind allen Platz zu geben, den es braucht und zu vermeiden, dass wir Charlotte ständig darauf hinweisen müssen im Rahmen zu bleiben und nicht die Wand anzumalen. Dieses dauernde Einschränken kann zum Stopp des Interesses an der Aktivität führen und das wollen wir durch vorausschauendes Denken vermeiden.

Der Impuls: Ich gebe nun auf das am Boden liegende Papier einen Tropfen roter Malfarbe und lege die Walze gleich daneben. Charlotte nimmt die Walze und ohne zu wissen, was da passieren kann, walzt sie und voller Begeisterung sieht sie auf einmal ein Muster und eine Farbe. Jetzt ist sie noch mehr interessiert und fragt nach mehr Farbe.

Besteht die Notwendigkeit eine Regel zu erklären so nutzen wir die sanfte Kommunikation die das Kind darauf hinweist, was möglich ist. Dabei bleiben wir vor allem in der positiven Formulierung und zeigen die Möglichkeiten auf. So lernt das sehr junge Kind die Regeln kennen. Je nach Alter und Impuls kann es manchmal gut und notwendig sein, die Struktur und die Regeln bereits im Vorfeld zu erklären. Bei diesem Beispiel mit der Walze setze ich nur einen Impuls, und somit passiert der Ablauf in einer anderen Reihenfolge. Ich gebe nichts vor und lenke nur dann, wenn es notwendig ist.

In der TLI Gruppe planen wir auch Aktivitäten wo wir eine Kleingruppe einladen mitzumachen. Sehr junge Kinder lieben es, ganz nahe mit den Erwachsenen zusammen zu sein und vieles gemeinsam zu tun. Sie brauchen die Nähe und die Interaktion. Im Laufe des Tages werden wir aktives, gemeinsames Tun sehr oft nutzen. Es ist ein Teil des Alltags. Es ist aber wichtig, dass Aktivitäten nicht zum Mittelpunkt des Tages werden. Das Kind soll sich mit seinem Spiel, Material, usw. voll und ganz beschäftigen können. Stehen wir Erwachsenen im Mittelpunkt, so ist ein Teil der Aufmerksamkeit des Kindes auf uns gerichtet und weg von der inneren Wahrnehmung gelenkt.

In *TLI Pedagogics* nutzen wir zwei Formen von Aktivität:

„Frei" oder „Angeleitet" ...

Angeleitet – bedeutet, dass wir als TLI BegleiterInnen den Kindern Aktivität oder/und Zeit vorgeben. Es bedeutet auch, dass es einen gewissen Rahmen gibt, in dem sich das Kind bewegt. Meist verfolgen wir damit ein Lernziel, oder das Erreichen einer bestimmten Verhaltensweise vom Kind, oder es gibt einen vorgegebenen Verwendungszweck (z.B. bei Nahrungsmittel – Essen beim Tisch, Gurke schälen, Wassermelone schneiden, etc.), der eingehalten werden soll. Die angeleitete Aktivität ist vor allem dann sehr sinnvoll, wenn es strukturellen Abläufen bedarf.

Frei – bedeutet, dass wir den Kindern Zeit geben, in der sie vollkommen „selbst geleitet" agieren können. Auch innerhalb von einer Aktivität, die geplant, vorbereitet und gemeinsam ausgeführt wird, soll Platz für freies Handeln sein. So können verschiedene Teilbereiche innerhalb einer Aktivität von den Kindern mitgestaltet und sogar selbst bestimmt werden. Hier ein Beispiel für *Angeleitet* und *Frei* in Kombination:
1. Kinder erhalten ein neues Spielmaterial. Es wird vorgestellt. *(Angeleitet)*
2. Wir lernen die notwendigen Regeln kennen *(Angeleitet)*
3. Die Kinder spielen damit *(Frei)*
4. und entwickeln innerhalb der kennengelernten Regeln neue Formen damit zu spielen *(Frei)*

Während das Kind spielt, lernt es.

Spielen + Tagesablauf + Alltag = Lernen
Das Kind lernt mit und an seiner Umgebung. Es wird durch den vorgegebenen Rahmen und die fixen Abläufe zum Lernen eingeladen. Es nimmt alles wertfrei auf, verarbeitet es und wendet es an. Es entsteht

ein natürlicher Lernprozess, bei dem Erwachsener und Kind natürlich interagieren. Türschnalle drücken, Bettdecke holen, usw. sind solche ganz natürlichen Lernfelder, die der Tagesablauf und der Alltag mit sich bringen.

Spielen + Regeln+Verstehen = Lernen
Regeln helfen dem Kind sein Verhalten zu evaluieren. Einige Regeln werden im Rahmen von Kleingruppen mit den Kindern spielerisch erarbeitet (Unterstützend werden Medien eingesetzt). Mehr zum Thema Regeln findest du in diesem Buch in einem späteren Kapitel.

Spielen + Aufgaben+Herausforderung = Lernen
Am Kind orientierte und altersgerechte Aufgaben helfen dem Kind beim Wachsen und Lernen. Es ist begeistert, wenn es eine Aufgabe übernehmen kann und darf. Während Erwachsene und Jugendliche sich vor Aufgaben gerne drücken, will das Kind ein Teil der Gemeinschaft und des Ablaufes sein. Es möchte einen Platz und eine Aufgabe haben. Aufgaben dürfen es an seine Grenzen bringen, aber nicht überfordern. Die neuen Herausforderungen unterstützen es nicht nur dabei, etwas das erste Mal zu tun, sondern auch zu schaffen. Aufgaben sollen Sinn machen und sie sollen dann angeboten werden, wenn das Kind es möchte. Wir bleiben bei unserer Aussage, dass leistungsorientiertes Lernen in diesem Lebensalter keine Notwendigkeit darstellt. Es ist nichts zu erreichen, sondern es ist viel zu erleben.

Manchmal haben Erwachsende die Idee, Kinder zu „Arbeiten" sanft zu zwingen und von ihnen zu verlangen eine Tätigkeit, die sie begonnen haben, auch zu Ende zu führen. Kinder in den ersten drei Lebensjahren können diesen Denkprozessen nicht folgen und werden automatisch in den Widerstand gehen. Auch das Ziel, Kinder anzuleiten, was begonnen wurde, auch zu Ende zu führen – wird dadurch nicht erreicht. Diese kognitive Reife ist im Kind noch nicht entwickelt. Alles lernen hat seine Zeit. Wenn wir Kinder ihren Raum zum Spielen und Lernen lassen, so werden sie selbst den richtigen Zeitpunkt zum Aufhören finden. Einräumen? Ja, das soll schon sein und darf durch die Erwachsenen begleitet werden. Auch hier gilt – alles hat seine Zeit.

Will das Kind beim Tisch decken helfen, so wird es das mit Freude machen. Will es in diesem Moment noch etwas anderes fertig machen, so sehen wir keine Notwendigkeit das junge Kind in seinem Spiel zu unterbrechen, um ihm so früh als möglich das Modell der „Arbeit" überzustülpen. Lassen wir unseren Kindern diese Zeit, diese Jahre, wo sie frei von Verantwortung einfach nur mit jedem Tag glücklich sind, sich an all dem Neuen erfreuen und dabei enormes Wissen erreichen. Dabei brauchen wir uns auch nicht zu fürchten kleine Tyrannen zu erziehen. Nochmals, alles Lernen hat seine Zeit.

Wir halten Abläufe einfach und logisch für das Kind nachvollziehbar. Diese erstrecken sich nur über einen kurzen Zeitraum und erwarten keine außergewöhnliche Leistung von den Kindern. Was machbar ist, wird bestimmt mit Begeisterung ausgeführt. Davon sind TLI BegleiterInnen überzeugt.

Das Entwicklungsinteresse spielt hier eine große Rolle. TLI BegleiterInnen beobachten, ob das Kind in der Lage ist, auf Grund von Länge, Schwierigkeitsgrad und anderem, diese Aufgabe überhaupt auszuführen. Die ebenfalls sehr wichtigen Fragen, die wir uns stellen, sind: „Warum soll das Kind diese Aktivität machen?" und „Versteht es Sinn und Ziel?".

Manchmal führt das Ziel oder der Wunsch, Kinder in ihrer Selbständigkeit zu fördern, soweit, dass immer mehr „Muss" entsteht. „Du kannst das schon selber" sind Aussagen, die dann immer öfter in den Vordergrund treten. Was am Kind beobachtet werden kann, ist eine natürlich Form des Widerstandes. Es wird weniger oft das tun, was es ja schon selber kann. Manchmal werden Regeln nicht mehr eingehalten. Ein Zeichen des „Zuviel" ist auch, dass Kinder sich einfach unwohl fühlen, sich im Spiel nicht entspannen oder in Ihrem Verhalten immer „auffallen".

Impulse sind Wege zum spielerischen Lernen. Sie bieten einen freien Rahmen, in dem das Kind wählen kann. Sie sind ein Teil des Spiels.

Spielen + Umgebung + selbständiges Denken = Lernen
Eine veränderte Umgebung regt das Kind an, das gleiche Spiel neu zu betrachten. Neue Lernimpulse werden dadurch gesetzt und neue Ideen werden dadurch angeregt.

Spielen + Erfahrungen + Vertiefung = Lernen
Hat das Kind durch das Spiel bereits verschiedene Erfahrungen gesammelt, so verändert sich das Spiel mit dem gleichen Objekt. Alles, was schon erfahren wurde, wird nun in das neue oder fortführende Spiel integriert und neue Lernerfahrungen sind möglich. Dieser Prozess kann auch als natürliches Lernen bezeichnet werden.

Das Spiel ist eine gemeinschaftsverbindende Aktivität, auch wenn es vom Kind selbst gewählt wird und scheinbar nicht mit anderen direkt zu tun hat. Trotzdem passiert immer wieder Interaktion mit anderen Kindern oder Erwachsenen. Das kann beim Spiel holen, einräumen, beim Vorbeigehen an Kindern oder beim aktiven gemeinsamen Tun stattfinden.

Stoppe, wenn ein Kind mit dir ein Gespräch beginnt. Lenke deine volle Aufmerksamkeit auf das Kind. Wenn das Gespräch länger andauert, kann daneben etwas Gemeinsames entstehen oder passieren, wie zum Beispiel, spazieren gehen, malen, Sand schaufeln, usw. Dabei ist es nicht wichtig ob das „Gespräch" mit vielen Worten passiert. Gerade Kinder in den ersten Lebensjahren drücken sich nicht immer klar aus. Im Wesentlichen geht es darum, während eines Gespräches wirklich ein „Gespräch" zu führen und es geht bei allem Spiel auch um den Wechsel zwischen stoppen ... aktiv sein ... stoppen ... aktiv sein ...

Aktivitäten werden in der TLI Gruppe nicht ohne Pause aneinander gereiht! Es ist nicht unsere Intention ständige Impulse an die Kinder zu geben. Im Moment des Stoppens haben beide - Erwachsene und Kind - viele Chancen ... Sie können sich auf eine neue Situation, eine neue Aktivität, eine neue Person ausrichten und einlassen. Sie können sich voll und ganz von der alten Aktivität, Person, Situation lösen und nach dem „Stopp" neu beginnen.

Das Stoppen kann ein wirkliches Innehalten sein, es kann auch ein stilles Sitzen für einen Moment, oder ein Liegen am Boden, sowie das Halten eines Kuscheltieres sein. Es kann auch ein Ankerpunkt, ein Gegenstand sein, zu dem das Kind immer wieder im Laufe des Tages zurückkehrt, zum Beispiel ein Schnuller, ein bestimmter Platz, ein anderer Raum usw. Nachdem sich das Kind geankert hat, dann erst beginnt das neue Spiel. So kann ich sehr gut in der Gruppe erkennen, welches Kind sich schon geankert hat und welches noch nicht wirklich angekommen ist.

Dies kann auch zuhause verwendet werden und oft entstehen solche Momente ganz natürlich z.B. nach dem morgendlichen Spiel ziehen sich sehr junge Kinder gerne zu ihrem Schlafplatz zurück und rasten, nach dem Mittagessen zieht sich das junge Kind wiederum zum Schlafen zurück, am Abend oder späten Nachmittag zieht sich das sehr junge Kind nochmals zum Rasten zurück. Das heißt der Anker ist das Bett oder der Kinderwagen und Aktivitäten werden durch diesen Ankerplatz unterbrochen. Hier rastet es, kommt zurück zu sich selbst, nimmt Abstand vom Lärm und dem Geschehen der Umgebung und tritt zu einem späteren Moment wieder in Aktivität und Aktion. So sollten wir jungen Kindern auch in Betreuungseinrichtungen diese Möglichkeiten des Rückzuges, des sich Ankerns und der vertrauten Gegenstände ermöglichen.

Gerade in der Gruppenbetreuung kommt es bei den Kindern immer wieder zu einer Erhöhung des Stresslevels. Zur Harmonisierung kann ein Ankerpunkt wesentlich beitragen. Die Begegnung kann ebenfalls zum Ankerpunkt werden. So kommen die Kinder immer wieder auf dich zu, wenn sie sich ankern wollen oder Halt brauchen. Die Begegnung schafft die Beziehung zum Kind. Die Intensität der Begegnung ist wichtiger als die Länge. Durch die Begegnung sind wir in der Lage situationsbezogen zu handeln. Dabei fragt sich auch, wie gut werden die Bedürfnisse jedes einzelnen Kindes wahrgenommen, verstanden, erlaubt und berücksichtigt?

Kinder zeigen in diesen ersten Lebensjahren intensives Interesse an sich selbst und der Umwelt. Mit Freude und Begeisterung können sie sich in die verschiedenen Elemente vertiefen und das ganz ohne einen andauernden Impuls vom Erwachsenen zu erhalten. Das ist spielen. Kinder wissen ganz natürlich, wie man spielt. Es sind keine Erklärungen notwendig. ☺ Spielen wir gemeinsam mit den Kindern, so nehmen sich die TLI BegleiterInnen immer wieder für einen Moment aus dem Spiel heraus. Das bietet Kindern FreiRaum für ihre eigene Kreativität und die freie Entfaltung. Wir versuchen achtsam zu sein und nicht den nächsten Schritt vorzugeben. Das Kind selbst soll so oft wie möglich den nächsten für es richtigen Schritt finden.

Gerade in diesem Alter ist es sehr einfach, denn die Kinder beschäftigen sich noch nicht so sehr mit Spielmaterialien, die einen genauen Ablauf notwendig machen. Alles, was das Kind selbst erfahren kann, soll es selbst erfahren. Dort wo es keine Idee, keine Gelegenheit hat zu lernen, dort können wir ihm positiv zur Seite stehen.

Zum Beispiel:
Charlotte interessiert sich für das Bauen. Ich biete ihr Bausteine zum Spiel an. Ich stelle diese einfach in den Raum. Ich habe mir im Vorfeld kurz überlegt welche Regeln sind für mich wichtig; wo ist die Grenze des Spiels. z.B. Verhalten mit den Bausteinen anderen Kindern gegenüber, wo können die Bausteine verwendet werden, dürfen sie als Waffen eingesetzt werden, etc. Charlotte kommt in den Raum. Ich gebe keinen Spielimpuls sondern lasse zu, dass die Situation „sich frei entfalten" kann. Da Charlotte schon sehr selbständig und rücksichtsvoll ist, entscheide ich, keine Regeln zu besprechen. (Bei anderen Kindern würde ich das vermutlich tun). Ich störe das freie Spiel nicht.

Manchmal ist es gut, bei den ersten Spielsequenzen mit dabei zu sein und darauf zu achten, dass Regeln eingehalten werden. Das kann so oft wie notwendig wiederholt werden. Wenn die TLI BegleiterIn die Sicherheit gewonnen hat, dass es keine Regeln braucht oder diese bekannt sind, dann überlässt sie den Kindern was und wie sie mit dem Material spielen. Ein Dabeibleiben ist nicht notwendig, aber wenn von den Kindern erwünscht immer möglich. Wenn die Regeln korrekt befolgt werden, können wir ohne weiteres die Spielfläche verlassen und die Kinder können sich dem Spiel widmen und sich das Material im Laufe des Tages immer selbst holen.

Oft wird behauptet, dass sehr junge Kinder sich nur sehr kurzen Konzentrationsphasen aussetzen können. Dennoch beobachtete ich in all den vielen Jahren immer wieder, dass auch schon sehr junge Kinder sich oft einen langen Zeitraum einfach in ein Spiel oder in eine Aktion vertiefen können und dabei auch manchmal sehr still sitzen. Wenn ein Kind wirklich Interesse an einem Spiel hat und sich voll entfalten kann, dann hört es meist auf, von einem Gegenstand zum anderen zu laufen. Die Säulen im TLI Sinnesraum regen zum einfach Schauen an. Die Bälle in der Kugelbahn können so manches Kind faszinieren. Wasser, Fingerfarben, Match, etc. – immer wieder war es mir möglich zu beobachten, wie lange junge Kinder schon sich auf ein Thema und einen Punkt konzentrieren können. Das freie Spiel ermöglicht dem Kind jenes Angebot zu wählen, dass seinem größten Entwicklungsinteresse entspricht. Der Spielimpuls – eine Idee, was man mit diesem Material noch machen kann – wird erst dann vom Erwachsenen gesetzt, wenn das Kind keine weiteren aus sich selbst entstehenden Impulse setzt. Das kann erst viele Wochen später erfolgen. Das Kind ist immer frei den Impuls aufzugreifen oder nicht.

Bitte beachte auch immer, Kinder nicht mit Spielmaterial zu überfluten. In diesem Alter schätzen diese oft einen Topf und einen Rührbesen mehr, als 10 verschiedene Spielsachen. Manchmal räumen wir 80% der Spielmaterialien weg und beobachten die Kinder. Erst, wenn wir sehen, dass die Kinder keinen weiteren inneren Impuls mit diesem Material setzen können und auch keine weiteren Impulse von uns gegeben werden können, die neues Spiel anregen, tauschen wir das Material aus oder ergänzen. Die Idee des reduzierten Materials gibt es bereits seit den frühen 70er Jahren als das Konzept des spielzeugfreien Kindergartens bekannt wurde. Wir wählen keine spielzeugfreien Tage im Sinne von kein Material, sondern reduzieren von Zeit zu Zeit das Material. Dies geschieht vor allem dann, wenn wir Unruhe bemerken, oder die Kinder sich wenig bis gar kein Spiel mehr finden.

Der Vorteil des Austauschens von Materialien besteht auch darin, dass ein halbes Jahr später das gleiche Kind auf Grund seiner Reifeprozesse das gleiche Material wieder mit Freude und noch mehr Impulsen entgegennehmen wird. Neue Erfahrungen können mit bereits bekanntem Material gemacht werden. Nochmals wird betont, dass es nicht notwendig ist, unzähliges Material zur Verfügung zu stellen. Es ist wichtig das „Richtige Material" zur Verfügung zu stellen.

In der TLI Gruppe wird es dir sehr einfach fallen, das richtige Material zu finden. Da du viel Zeit mit Beobachten verbringst wirst du gut erkennen können, was jedes einzelne Kind braucht und möchte und wo die Entwicklungsinteressen momentan liegen.

Fassen wir zusammen
- Das Spiel ist der Mittelpunkt der Aktivität des Kindes
- Beim freien Spiel kommt es zur „selbstgesteuerten" Entwicklung
- Leben, sich irren, sich entfalten, beobachten und Eigenmotivation führen zur freien Entwicklung, die aus dem Inneren kommt
- Der Impuls ist ein Eingreifen in die Aktivität des Kindes, welches nur für einen kurzen Moment stattfindet und eine Spur legt oder einen nächsten Schritt vorbereitet
- Aktivitäten können frei oder angeleitet sein
- Tagesablauf und Alltag, Regeln, Aufgaben, die Umgebung und Erfahrungen gehören der „fremdgesteuerten" Entwicklung an
- Das Spiel + das sich etwas trauen + das Vertrauen als TLI BegleiterIn = schenkt Kindern eine freie Form sich zu entwickeln!

Die Begleitung von Kindern in den frühen Lebensjahren

KAPITEL 8
DIE SPRACHE ALS INSTRUMENT

Ich höre nicht, was du sagst, wenn du mich nicht berührst!

Gerade heute ist das Thema Sprachförderung im deutschsprachigen Raum zu einem überlebenswichtigen Thema der Pädagogik geworden. Wer es schafft Kinder gut in ihrer Mehrsprachigkeit zu unterstützen ist „the Hero". Denn immer mehr Kindern fehlt es sogar in der korrekten Verwendung der Muttersprache. Experten zerbrechen sich den Kopf, was getan werden kann, um Kindern zu helfen wieder zur Sprache zu finden. Ich bin davon überzeugt, dass akademisches Wissen allein uns am Thema weit vorbeiführen und nur einen begrenzten Anteil leisten kann.

Sprache ist lebendig. Sprache ist etwas, dass wir nicht durch Bücherstudium lernen. Betrachten wir es einmal aus einer ganz neuen Perspektive. Niemand von uns hat seine Muttersprache durch ein Buch oder Studium erlernt. Im Gegenteil, die Generation der heutigen dreißigjährigen und älter konnten die Sprache bereits, bevor sie in Kindergärten oder Schule kamen. Durch den frühen Besuch der außerhäuslichen, institutionellen Betreuungsplätze hat Schule und Kindergarten einen größeren Einfluss auf das einzelne Kind. Dennoch sollten wir aus dem Thema Sprache kein zu großes Bildungsthema machen, sondern zurück zur Natürlichkeit und Lebendigkeit der Sprache kommen. In diesem Kapitel werden wir daher Sprache von vielen verschiedenen Seiten beleuchten.

Im Alltag ist die Sprache eines jener Instrumente, welches TLI BegleiterInnen wählen, um mit Kindern in Beziehung zu treten. Wann auch immer Sprache eingesetzt wird, so findet Begegnung statt. Begegnung ist es, was das neugeborene Kind anregt die Sprache jener Menschen, die es umgeben zu erlernen. Bereits Dr. Prof. Gerald Hüther, Neurobiologe und Autor von populärwissenschaftlichen Büchern hat uns aufgezeigt, dass jedes Baby in der Lage ist, jene Sprache die es umgibt, zu erlernen. In der *TLI Pedagogics* erkennen wir, dass das wesentliche Glied zum Erlernen die Freude daran ist, sich mit den Menschen, die man liebt auszutauschen. Wenn wir es also nicht schaffen zu den Kindern, die in unsere TLI Gruppen kommen liebevolle Beziehungen aufzubauen, so werden die Kinder die vorgelebte Sprache weniger gut annehmen. Wir versuchen uns auf die verschiedenen Einwirkungen von Medien, und anderes auszureden, wenn ein Kind Probleme im Sprachenlernen hat. Ich will diese Aspekte sicher nicht verneinen. Dennoch ist der Einfluss, der durch das „sich-nicht-verbinden" oder in *TLI Pedagogics* auch bekannt als die „distanziert-emotionelle-Welt" auf jeden Fall ernst zu nehmen. Begegnung ist ein nicht zu unterschätzendes Instrument, um Kindern an eine Sprache heranzuführen. So ist es das Ziel, Kindern in der TLI Gruppe eine Mehrsprachigkeit anzubieten. Dies kann sich durch die Kinder selbst, aber auch durch eine anderssprachige TLI BegleiterIn ergeben.

Die Sprache ist in sich ein spannendes Instrument in der täglichen Arbeit mit den Kindern. Um auszudrücken, was wir ausdrücken möchten kann uns die Stimme selbst, die Betonung und die Körpersprache (Gestik/Mimik) Unterstützung geben.

Während das Sprechen eine sehr wichtige Form der Kontaktaufnahme zum Kind ist, gehen wir davon weg, als TLI BegleiterInnen immer aktiv sein zu müssen. Wir entfernen uns von dem Gedanken des Erwachsenen als Animateur des Kindes. Sprache wird in der *TLI Pedagogics* natürlich eingesetzt. Wir hinterlegen nicht künstlich die Tätigkeiten des Kindes mit Worten, um die Sprache zu vermitteln. Vielmehr sprechen wir mit dem Kind, wenn wir uns gemeinsam freuen, etwas Gemeinsames schaffen, beim Trösten, etc. Es sind die emotional-sozialen Kontakte, die vor allem die Sprache einfach und schnell vermitteln lassen. Wir wollen Kinder dazu bewegen auf uns zuzukommen und ihre Erlebnisse, Emotionen und Erfahrungen zu teilen. In den ersten Lebensjahren ist die Sprache nur ein kleines Werkzeug um dem Kind Zuneigung, Anerkennung und Nähe zu geben. Je jünger das Kind, desto weniger Worte kann es auf einmal erfassen. Sprache soll sehr gezielt eingesetzt werden. Das leise, achtsame, langsame und liebevolle Sprechen ist der Fülle an lauten oder vielen Worten vorzuziehen.

Sich zurück nehmen bedeutet, dass die Stimmen von TLI BegleiterInnen seltener zu hören sind – sie stehen nicht im Mittelpunkt. Achtsame, liebevolle und langsame Sprache ist ein Zeichen der Achtsamkeit im Umgang zum Kind. Wir begeben uns auf die Augenhöhe des Kindes bevor wir es ansprechen oder suchen eine Begegnung, bevor wir uns mit dem Kind in ein Gespräch vertiefen. Dies klingt sehr einfach, braucht aber einen sehr bewussten Menschen zur Ausführung. Schnell passiert es, dass wir Worte durch den Raum rufen und den Kontakt zum Kind verlieren. Diese achtsame Wahrnehmung zu halten ist ein Teil von *TLI Pedagogics*.

Die Betonung spielt beim jungen Kind eine große Rolle. Monotone, immer liebliche Stimmen vermeiden wir. Es ist nicht nur für das Kind unnatürlich; es ist auch für den Erwachsenen unnatürlich und es ist wenig verwunderlich, dass viele pädagogische Fachkräfte immer wieder Stimmprobleme haben. Schon in den Neunziger Jahren des letzten Jahrhunderts wurde erkannt, dass es für viele Menschen natürlich ist, im Umgang mit einem ganz jungen Kind die Stimme zu erhöhen. Es war auch bekannt, dass sehr junge Kinder höhere Töne einfacher wahrnehmen. Scheinbar neigen wir deshalb unbewusst zur Verwendung einer höheren Tonlage wenn wir Babys oder sehr junge Kinder ansprechen. In *TLI Pedagogics* erlauben wir uns der Intuition zu folgen und den natürlichen Kontakt zu schaffen.

Andererseits, wenn ein Kind beschäftigt oder hoch konzentriert ist, oder es nicht hören will, dann nutzt uns eine hohe Stimme genau so wenig, wie eine laute Stimme. Kinder haben im allgemeinen ein sehr gutes Gehör. Zu laute Töne können für manche Kinder schmerzhaft sein, während andere Kinder kein Problem damit haben. Das kann man gut beim Hämmern beobachten. Während manche Kinder sich die Ohren zuhalten, können andere stundenlang hämmern und es kann gar nicht laut genug sein. Auch hier können wir wieder gut erkennen, dass wir keine allgemeine Aussage verwenden können. Jedes Kind ist einzigartig. Die wahrnehmende Beobachtung hilft uns Kinder gut begleiten zu können und eine Umgebung zu schaffen, in der auch der Lärmpegel für sie passt.

Die Sprache wird von uns Erwachsenen als ein Instrument eingesetzt. TLI BegleiterInnen verwenden die Sprache und Stimme ganz bewusst. Zu allererst überlegen wir uns ... „Was will ich sagen?" Wir bevorzugen kurze, klare Sätze und keine komplizierten Fragemuster. Das Jetzt-Geschehen ist Mittelpunkt der Diskussion. Etwas, das vor

20 Minuten passiert ist, ist vorbei. Wir erlauben den Kindern in diesem „Jetzt" zu sein. Wenn wir sprechen, so wird die Sprache zu einem Instrument und zu einem ganz wichtigen Tool. Wir sprechen nicht einfach, weil wir sprechen. Die Worte kommen nicht einfach un-zensiert aus dem Mund heraus. Wir beobachten – bevor wir sprechen. Wir überlegen – bevor wir sprechen. Wir denken darüber nach, was wir sagen möchten und welche Worte es braucht.

TLI Pedagogics will Kindern die Chance zur Persönlichkeits- und Potenzialentfaltung bieten. Daher ist es wichtig, dass wir uns genau überlegen, was wir ausdrücken wollen und welches Ziel wir damit verfolgen. Das, was wir sagen, soll das Kind bestärken und in seiner Entwicklung begleiten. Wenn wir nach diesen Überlegungen immer noch der Meinung sind, es sagen zu wollen, dann überlegen wir im zweiten Schritt ... wie wir es sagen. Die Stimmlage und Betonung kommuniziert die damit verbundene Emotion? So klingen unterstützende Worte anders, als wenn wir eine Bitte ausdrücken. Die Stimmlage soll sehr klar ausdrücken, mit welcher Energie wir die gesagten Worte hinterlegen. Ist es eine freudige, traurige, ernste, interessierte, verständnisvolle, betonende, korrigierende oder andere Energie, die wir in das Gesagte legen wollen. Mit der Stimme und den verwendeten Worten werden wir einen Impuls geben. Immer dann, wenn wir sehr klar eine Handlung anstreben, dann ist die Stimmlage ein wichtiger Aspekt, um das Ziel zu erreichen.

In *TLI Pedagogics* stellen wir die Entfaltung des Kindes in den Vordergrund. Damit dies auch gesehen kann, so darf der Impuls durch die Stimme nicht manipulierend oder in jene Richtung drängend sein, welche TLI BegleiterInnen zu erreichen wünschen. Als ich begonnen habe mich selbst zu reflektieren, konnte ich feststellen, dass ein großer Teil meiner Kommunikation mit den Kindern Aufforderungen waren. Es ging vor allem darum, was ich wollte oder was ich dachte und meinte was Kinder zu tun haben. In *TLI Pedagogics* ist es notwendig, Aufforderungssätze nur dann zu verwenden, wenn es wirklich notwendig ist. Die autonome Entwicklung des Kindes kann sich ganz anders entfalten, wenn wir unsere eigenen Vorstellungen zurück stellen. Dazu braucht es ein gutes Vertrauen in das Kind. Denn das Kind kann in vielen Fällen selbst seinen Weg finden. Fragesätze stellen wir in den Vordergrund. Diese motivieren Kinder zum Erzählen und

Nachdenken.

Auch die Impulse, die wir im Laufe des Tages geben, sind stark durch unsere Stimme geprägt. Beim Setzen von Impulsen achten wir immer darauf, dass unsere Stimmlage neutral bleibt. Sie sollen von den Kindern frei angenommen werden. Kinder sollen auch das Gefühl entwickeln, nein sagen zu dürfen. Wenn eine zu starke Betonung verwendet wird, kann es einfach zur Manipulation des Kindes kommen. Das Kind mit seiner Gabe sich zu verbinden, fühlt sich eingeladen den Motivationen durch den Erwachsenen zu folgen und auch dabei seinen eigenen Weg zu verlassen. Das Kind soll frei vom Impuls die Entscheidung treffen, diesen anzunehmen oder nicht.

Die Betonung legt den Schwerpunkt auf gewisse Silben oder Wörter. Hier gebe ich ein Beispiel, wo die Betonung einen Unterschied in der Bedeutung machen kann:

1. **Wir** räumen jetzt ein!
2. Wir **räumen** jetzt ein!
3. Wir räumen **jetzt** ein!

Punkt 1 legt die Betonung auf die Frage wer räumt ein – Wir!
Punkt 2 legt die Betonung auf die Aktivität, die zu tun ist!
Punkt 3 legt den Schwerpunkt auf die Zeit – Wann es zu tun ist!

Der gleiche Satz kann drei verschiedene Aussagen und somit drei verschiedenen Impulse geben. Wenn wir uns darüber klar sind, was wir wollen, so kann der Impuls auch ganz bewusst eingesetzt werden, um Richtung zu geben. Die *TLI Pedagogics* lehnt sich an der bedürfnisorientierten Pädagogik an. Dabei ist es wichtig klarzustellen, dass wir unter „bedürfnisorientiert" nicht verstehen, dass jedes Bedürfnis erfüllt werden muss, sondern dass alle Bedürfnisse wahrgenommen und angesprochen werden sollen. Ob sie umsetzbar und erfüllbar sind, hängt von der Form des Bedürfnisses ab. TLI BegleiterInnen sprechen vor allem in den ersten drei Lebensjahren die Bedürfnisse der Kinder aus, denn viele Kinder haben noch nicht die richtigen Worte dafür. Es ist wichtig, dem Kind die Chance zu geben, sich verstanden zu fühlen. Schon wenn die TLI Begleiterin das Bedürfnis des Kindes ausspricht, fühlt es sich angenommen und kann sich entspannen. Ich werde verstanden.

Sprache in *TLI Pedagogics* braucht viele Fragen, aber auch gezielte Aussagen, Wünsche und Bitten, wo notwendig. Wieder kehren wir zu einer Kernaussage zurück: „Was wollen wir denn zum Ausdruck bringen?" Gerade in der Gruppe neigen wir dazu Bitten oder Wünsche und Anregungen als Fragen zu formulieren. Zum Beispiel: „Wollen wir jetzt einräumen?" Wichtig ist, dass wir im Fall dieser Frage den Kindern auch erlauben mit „nein" zu antworten. Die gestellte Frage erlaubt „ja" oder „nein". Wenn wir also etwas Bestimmtes von den Kindern möchten, so ist es besser ein Statement zu machen.

Die Frage der Wahl der Worte ist gemeinsam mit der Betonung, der Stimmlage und der Sprache ein wesentlich wichtiger Bestandteil dessen, was beim Kind ankommt und ob das, was wir ausdrücken wollen, auch wirklich zum Ausdruck kommt.

Die Frage danach, welche Worte eine TLI BegleiterIn benutzt, hängt sehr eng damit zusammen, welchen *(pädagogischen)* Erziehungsstil diese/r anwendet und auch welche Emotionen vorrangig präsent sind.

Verwenden wir Sprache, so steht diese ganz eng im Kontakt mit unserem Denken und Fühlen. Die Haltung zum Kind allgemein, sowie auch in dieser ganz speziellen Situation wird über die Sprache ausgedrückt. Welche Worte wir wählen, welche Stimmlage wir verwenden, welche Betonung wir bevorzugen, drückt auch sehr viel darüber aus, wie es uns im Moment geht. Wenn wir authentisch sprechen und nicht einer mechanisch erlernten Methode zum Opfer fallen, werden Energien ausgelebt oder mittransportiert.

Ein wichtiger Aspekt für gute Begleitung ist für die TLI BegleiterInnen sich selbst wiederkehrende zu reflektieren und eine reine, klare, authentische Form des Ausdrucks zu leben. Kinder haben das Talent, exakt und sehr schnell unsere Wunden, unsere Verletzlichkeiten und Lernfelder zu erkennen und diese auch anzuregen. Es ist daher nicht selten, dass im täglichen Beisammensein mit ihnen, auch Eigenschaften geweckt werden, die wir als Erwachsene nicht gerne leben möchten. Kinder spüren sehr gut, wenn wir nicht authentisch sind. Andererseits hilft die Authentizität uns dabei voll und ganz präsent, angreifbar, berührbar zu sein. Kinder können unser Handeln einschätzen. Man könnte sagen, die Persönlichkeit eines Erwachsenen spiegelt sich in seiner Form des Sprechens wieder. Denken, Fühlen und die Worte sollen im Einklang sein.

Es ist nicht die Lösung, trotz Ärger zu versuchen, liebevoll zu bleiben. Ärger darf wahrgenommen und ausgesprochen werden. Zu hinterfragen, warum wir uns ärgern ist im nächsten Schritt ebenfalls sehr wichtig. Eines ist klar: Ziel ist es, langfristig frei von diesen Energien die Zeit mit den Kindern zu verbringen, dann ist es gut uns mit dem, was uns stört oder aus der Balance bringt auseinander zu setzen. Wir können dabei in einen Topf von Möglichkeiten wie z.B. Supervision, Mediation, Coaching, Psychotherapie, Yoga & Meditation, Beratung oder andere Techniken greifen.

Die Energie in der Sprache der Kinder ist aussagekräftig über das Wohlbefinden derer. Wenn wir beobachten und zuhören, können wir Unterstützung geben wo es Hilfe braucht. Das Verhelfen zur Balance bedeutet vor allem, dass wir Kindern dabei helfen, Stress zu vermeiden. Alles, was mit starker Emotion oder Unwohlsein zusammen hängt, bewirkt beim Kind Stress. Auch nehmen sehr junge Kinder nur kurze Sätze auf. Es kommt daher auch auf die Länge des Gesagten an. Fasse dich kurz und liebevoll in deinen Aussagen und beobachte, ob das Gesagte auch verstanden wurde.

Wenn du mit jungen Kindern sprichst, begib dich wann auch immer möglich auf die Augenhöhe der Kinder. Sanfte Körperberührung kann zusätzlich sehr hilfreich sein, wenn du das Kind einladen möchtest, etwas mit dir zu tun, oder wenn du es trösten oder ihm Sicherheit geben möchtest.

Kommunikation mit sehr jungen Kindern geschieht auf vielen Ebenen. Oftmals ist die Körpersprache nicht in Übereinstimmung mit den Worten. Vielleicht möchtest du dich einmal selbst im Sein mit den Kindern mit Bild und Ton aufnehmen? Danach spiele dir das Video ab und beobachte dich selbst. Du entscheidest dann, was dir besonders gut an deinem Sein gefällt und an welchen Punkten du gerne arbeiten möchtest. Du nimmst dir eine Zeitspanne vor, wo du das Augenmerk auf diese Punkte legst. Dann filmst du dich wieder. Oftmals stimmt unsere Einschätzung über uns selbst, mit dem Resultat auf einem Video nicht überein. Es wird Momente geben, wo du vor Begeisterung staunen und Momente, wo du ein komisches Gefühl im Magen spüren wirst. Diese Videoarbeit ist ein Mittel, um dort anzukommen, wo du dich gedanklich schon sehen kannst. Es ist ganz normal, dass es Lernfelder gibt. Wir haben sie alle und wir arbeiten alle an jenen Punkten, die wir gerne noch ein wenig verfeinern möchten.

Begriffe spielen ebenfalls im gegenseitigen Verständnis von TLI BegleiterInnen und sehr jungen Kindern eine große Rolle. Bitte erkenne, was Kinder erfassen können und was nicht. Wenn du sehr intensiv Kinder beobachtest, dann wird es dir leicht fallen, das zu erkennen, was Kinder gut verstehen, einschätzen und schon wahrnehmen können. Verwende am besten Worte und Begriffe, die dem Kind bereits vertraut sind. Du kannst neue Begriffe auch mit einem bereits bekannten verbinden. Das hilft dabei, wenn du einen unbekannten Begriff vorstellen möchtest. An einem Beispiel erklärt, kannst du den Begriff „heiß" dort einsetzten, wo es bereits ein vertrauter Begriff, ist. Hat das einjährige Kind noch keine Erfahrung mit dem Begriff heiß gemacht, so wirst du diesen mit einer zweiten klaren Botschaft hinterlegen, die schon bekannt ist und auch durch Ausdruck verstärken „Der Ofen ist heiß - Bitte gib deine Hand weg!"

Uhrzeiten und Zeiträume wie bald, später, etc. sind für junge Kinder kaum bis schwer einschätzbar.

Streiche auch ein:
    Nein
    Nicht
    Lass das
    Geht nicht
    Du sollst nicht ...

... und ähnliche Satzstellungen und Worte aus deinem Alltagsgebrauch. Nachdem es dein Ziel ist, Kinder zu unterstützen, zu motivieren und zu inspirieren ... werden diese oben genannten Begriffe und Sätze wohl kaum dienlich sein. Natürlich wird es Momente geben, wo du ein „Nein" verwenden musst – vor allem dann, wenn du sehr klar eine Grenze ziehst oder in einer Gefahrensituation das Kind beschützen möchtest. Im allgemeinen ist es aber besser jene Aussage zu tätigen, die du dem Kind als Aktivität vorschlägst und weniger, was du ihm verbieten möchtest.

Das sind sicher nur wenige Momente. Da du nun zum Beobachter der Situationen, der Kinder und dem was diese tun geworden bist, bieten sich dir auch viele Möglichkeiten schon im Vorfeld einen positiven Impuls zu geben. Das macht es dir möglich, die oben genannten Wörter und ähnliche Aussagen oftmals zu vermeiden.

Mach dir eine Strichliste und trage wirklich bewusst ein, ob du diese Worte regelmäßig verwendest. Wenn du dies erkennst, dann brauchst du Ideen, was du in deiner Sprache korrigieren kannst. Hole Dir Ideen bei erfahrenen KollegInnen oder mache ein Brainstorming im Team, lies Fachbücher und informiere dich in digitalen Medien.

Auch der Besuch eines Kurses zu diesem Thema wird dir dabei helfen, gute und sichere Schritte zum positiven Ergebnis zu lenken.

Fassen wir zusammen:

- Stimme, Betonung, Stimmlage verleihen dem Gesagten Ausdruck
- Verwende Sprache ganz bewusst
- Überlege, „Was möchte ich sagen?"
- Sprache gibt Impuls
- Sprich authentisch
- Verwende kurze Sätze
- Begib dich so oft als möglich auf die Augenhöhe des Kindes, bevor du dieses ansprichst
- Hinterlege unbekannte Begriffe mit vertrauten Worten
- Streiche Negationen aus deinem Wortgebrauch (verwende diese nur selten)

Die Begleitung von Kindern in den frühen Lebensjahren

KAPITEL 9
DIE PERSÖNLICHKEIT

Woraus besteht der Mensch? Das ist eine philosophische Frage, die ich mir immer wieder gestellt habe. Eines ist klar! Während die Welt versucht uns alle gleich zu machen, sind wir doch so unterschiedlich, wie es mehr nicht sein kann. So sind schon allein unsere physischen Körper einzigartig. Es gibt auf diesem Planeten Erde keine (oder kaum eine) DNA ein zweites Mal. So sind unsere Körper einzigartige Schöpfungen, die sich ganz neu im Mutterleib bilden und aus vielen verschiedenen Teilen zu diesem einzigartigen Ganzen werden.

Der Ursprung des Wortes Persönlichkeit entspringt der lateinischen Sprache und bedeutet auch „Persona". Persona übersetzt wiederum bedeutet „Gesicht" oder auch „Maske". C.G. Jung beschreibt in der Tiefenpsychologie: *„Die Persona ist aber nur eine Maske der Kollektivpsyche, eine Maske, die Individualität vortäuscht, die andere und einen selber glauben macht, man sei individuell während es doch nur eine gespielte Rolle ist, in der die Kollektivpsyche spricht."*

So repräsentiert die Persönlichkeit die Individualität eines jeden einzelnen Menschen. Es sind jene Anteile eines Menschen, mit welchen er oder sie sich von den anderen Menschen unterscheidet. Dazu gehören Erscheinung und Auftreten, Denken und Denkmuster, Glaubenssätze, Einstellungen, Überzeugungen, Werte und Wertevorstellungen, Charakter und Verhaltensweisen, Eigenarten und Gewohnheiten, das eigene Naturell und das Temperament und vieles mehr. Die Summe aller Prägungen – also alles Erlebte – bestimmen das Werteverständnis eines Menschen! Erleben wir ein junges Kind in seinem natürlichen Tun, so können wir auf die Einflüsse der Umgebung, die das Kind bisher erlebt hat, schließen.

Die Persönlichkeit ist ein Teil, der jeden Menschen einzigartig werden lässt. Die Persönlichkeit eines jeden Kindes ist zu einem gewissen Grad bereits bei seiner Geburt festgesetzt. Das weiß auch die Wissenschaft, die einerseits von der Festlegung in den Genen aber auch von einem noch unbekannten unerforschten Teil der Persönlichkeit spricht. So können wir in den ersten Lebenstagen bereits klare Unterschiede zwischen Babys erkennen. Sie drücken sich anders aus, sie haben verschiedene Rhythmen und sie scheinen ihr ganz eigenes Leben zu leben.

Was auf beinahe alle zutrifft - schon in diesen ersten Tagen wird einer Mutter/einem Vater sehr bewusst, dass das Neugeborene ganz klare Erwartungen an seine Umwelt mitbringt. Es ist selbstzentriert und verlangt gewisse Handlungen vom Erwachsenen. Diese werden selbstsicher eingefordert. Das neugeborene Lebewesen geht davon aus, dass man sich um es kümmert. Während wir Erwachsene oft annehmen, dass Säuglinge hilflose kleine Wesen sind, die auf unsere Obsorge angewiesen sind, kommt dieses neugeborene Wesen in diese Welt nichtsahnend, dass es hilflos sei. Es fühlt sich nicht hilflos und es wertet die Verschiedenheit zwischen Erwachsenen und Kind nicht. Es richtet seinen Auftrag nicht an eine bestimmte Person, sondern es drückt einfach aus, was es braucht und möchte. In der Psychologie wird heute angenommen, dass bis zu 50% der Persönlichkeit genetisch veranlagt ist. Welche Anteile im Laufe eines Lebens aktiv werden, hängt ebenfalls von der Umgebung, in der das Kind aufwächst ab. Die Geburt, das Heranwachsen an einem bestimmten Ort, in einer bestimmten Familie, mit bestimmten sozialen Verhaltensmustern, die Zeitepoche mit all ihren wirtschaftlichen, politischen, kulturellen Einflüssen wirken auf den Lebenslauf des Menschen ein.

Die nahe Verbindung zur Mutter ist etwas Einzigartiges, was zur Folge hat, dass das Kind auf die Impulse durch diese wichtigste Primärperson sofort hört. Es beruhigt sich in den Armen der vertrauten Energie. Es begibt sich in eine Symbiose, die ihm sein Überleben im ersten Lebensjahr garantiert. Diese Sicherheit bleibt beim Kind solange bestehen, bis es eine andere Erfahrung macht. Immer wieder kehrende Situationen, in denen seine Wünsche nicht erfüllt werden, bringen in das Bewusstsein des Kindes, dass scheinbar nicht alles einfach zum Greifen nah ist. Dennoch sind Mutter und Vater als Hauptbezugspersonen wesentlich prägend für das Kind. Unbewusst beginnt das Kind sich nach diesen beiden Vorbildern zu formen und Eigenschaften anzunehmen. Natürlich spielen auch andere Bezugspersonen im Laufe des Heranwachsens eine große Rolle.

TLI BegleiterInnen sollen daher sehr achtsam sein, welche Bedürfnisse und Wünsche das Kind hat und wie sie darauf reagieren. In einem

Alltag, wo Rahmenbedingungen geschaffen sind, um auf die Bedürfnisse und Wünsche der Kinder einzugehen ist es in der TLI Pedagogics notwendig diese auch ernst zu nehmen und umzusetzen. Es ist eine ganz neue Form des Miteinander Sein, wenn wir es schaffen, bedürfnisorientiert mit den Kindern zu leben. Das wiederum erfordert einen hohen Grad des Verständnisses über die Entwicklung eines Kindes. Das „Nein" kann sich somit auf die wirklich unmöglichen Dinge beschränken. Manchmal ist es einfach unbequem, nochmals aufzustehen oder nochmals in die Küche zu gehen und schon passiert ein: „Nein!" Wählen wir das Nein nur dann, wenn es wirklich nicht möglich ist.

Die Persönlichkeit eines Kindes ist die Summe all seiner Gedanken, Gefühle, Erfahrungen und Erlebnisse, Ideen, Wünsche und seines Verlangen, welche es bis zu diesem Zeitpunkt erlebt hat. Demnach ist die Persönlichkeit niemals ganz, komplett oder fertig. Sie ist ständig in Entwicklung, denn die täglichen Erfahrungen, Erlebnisse verändern das Fühlen, Denken und Verhalten. Darum ist es ja auch ein unabdingbares Muss, sich wiederholt auf seine Persönlichkeitsentwicklung zu fokussieren und die des Kindes achtsam zu begleiten.

Als TLI BegleiterInnen haben wir die Chance Kinder ein Stück weit in ihrer Persönlichkeitsentwicklung zu begleiten. Dazu ist es wichtig, dass wir jedes Kind als einen vollständigen Menschen annehmen und betrachten. Das Kind ist nicht halbfertig, weil es kleiner ist. Auch unter Erwachsenen gibt es kleinere und größere Menschen. Das Kind ist nicht halbfertig, weil es noch nicht alles weiß. Auch unter Erwachsenen gibt es Menschen mit unterschiedlichem Wissensstand. Das Kind ist auch nicht halbfertig, weil es noch nicht alles kann. Oder warst du schon mal am Mond? ☺ Wir betrachten somit das Kind einfach nur in einem anderen Prozess der Entwicklung. Jeder kleine Mensch weiß genau, was er/sie braucht oder nicht. Bedürfnisse werden wahrgenommen, können aber nicht immer ausgedrückt werden. Das junge Kind bis etwa 2,5 Jahren hat noch keine selbständige Emotionsregulation und braucht Unterstützung und Begleitung.

Jedes Kind ist einzigartig. Diese Einzigartigkeit gilt es zu erhalten und zu fördern. Das Kind wird sich genau dort voll und ganz entfalten können, wo es einzigartig ist, bei jenen Dingen, die ihm natürlich mitgegeben werden und daher leicht fallen. Oft werden Talente und Fähigkeiten als normal und zu diesem Kind gehörend erlebt, und keine besondere Achtsamkeit darauf gelegt. Diese natürlichen Geschenke von Fähigkeiten, Stärken dürfen wir in den Vordergrund stellen und sie achten. Sie machen die Persönlichkeit dieses besonderen Kindes aus. Sie machen uns einzigartig.

Auch jede begleitende Person ist einzigartig. Welche Stimulationen das Kind erfährt, hängt ganz stark von der Idee der Erwachsenen ab, was sie dem Kind als Umgebung bieten. Jene Qualitäten, die Kinder in ihrer heranwachsenden Persönlichkeit aufnehmen, hängen wiederum vor allem davon ab, was die Erwachsenen in der Umgebung vorleben. Wie schon mehrmals erwähnt, wird das sehr junge Kind am schnellsten und einfachsten durch das Vorzeigen lernen. Das können wir nutzen, um die Qualitäten zu prägen, die wir prägen wollen und selbst leben.

In *TLI Pedagogics* sehen wir es daher als sehr wichtig an, Kindern in den ersten Lebensjahren ein liebevolles, achtsames Miteinander vorzuleben. Wie wir Konflikte ausleben, einander begegnen und miteinander sprechen, wird beim Kind einen Eindruck hinterlassen und dieser Eindruck wird bei wiederholtem Vorzeigen nachhaltig bestehen bleiben. Es wird einen Glaubenssatz bilden, nach dem das Kind in Zukunft seine Konflikte leben wird. So geschehen Impulse zum positiven sozialen Miteinander jeden Tag unbemerkt und so bildet sich ein Teil der Persönlichkeit des Kindes einfach nur durch gewisse Erlebnisse und Beobachtungen im Alltag. Auch wenn das Kind in seiner Egozentrik noch nicht in der Lage ist, das Vorgezeigte umzusetzen, so wird es doch eine Erinnerung im Gehirn hinterlassen, auf die es zurückgreifen kann, in jenen Momenten, wenn die kognitive Entwicklung zu dieser Verstehens-Ebene herangereift ist.

Wenn wir damit aufhören Begleitmodelle als richtig oder falsch einzuordnen, so werden wir rasch erkennen, dass viele verschiedene Modelle existieren, die funktionieren und unter deren Bedingungen viele Menschen zu Erwachsenen wurden. Und doch ist es notwendig, sich als TLI BegleiterIn die Frage zu stellen: „Wie lebe ich?" Wie agiere ich in der Gruppe? Es braucht eine Bewusstseinsebene, in der wir uns reflektierend über die Art und Weise, wie wir mit Kindern sprechen, agieren und leben klar werden. TLI BegleiterInnen hören damit auf, sinnlos und unbedacht mit Kindern zu leben. Ein unbedachtes Neben-den-Kindern agieren kann nicht existieren. So bestimmen TLI-BegleiterInnen sehr intensiv mit, was ein Kind erlebt. Erwachsene wählen in den ersten Lebensjahren sowohl das emotionale und soziale Umfeld, sowie auch die Spielmaterialien für die Kinder aus und stellen diese zur Verfügung. Demnach prägen wir sehr stark die Interessen der Kinder.

Es kann auch gesagt werden, dass Bildung etwas vom Erwachsenen Gesteuertes ist, solange bis der Mensch zu einem eigenständigen, selbstentscheidenden Menschen wird, aber auch dann folgt er unbewusst den bereits tief in die Zellen einprogrammierten Rhythmen und Strukturen, solange bis er sich diese Schritt für Schritt bewusst macht und verändert.

Bildung kann aber auch wie in der *TLI Pedagogics* ein aus dem Kind entstehender Prozess sein. Wir sind daher offen für freie Aktivitäten und erlauben dem Kind sich viel und oft frei zu entwickeln. Wir sind achtsam, welches Spielmaterial wir den Kindern zur Verfügung stellen und was die Kinder damit tun, wie sie diese einsetzen.

Wie schon erwähnt wird die Persönlichkeit des Kindes auch von der Umwelt mitgestaltet. Das Kind nimmt Bilder, Gegenstände, Medien in seiner Umgebung auf. Es beobachtet, was andere Kinder haben und tun, wie andere Eltern auf ihre Kinder reagieren und sie probieren das Verhalten aus. Zeigt ein älteres Kind etwas vor, ahmt das jüngere Kind das sehr gerne nach. Auch Großeltern, Onkeln, Tanten, Nachbarn, Freunde und andere Menschen werden für das Kind zum spannenden Lernobjekt. Sie saugen alles auf und sie ahmen Verhaltensweisen nach. Wir dürfen auch den Einfluss von digitalen Medien in der heutigen Zeit nicht unterschätzen. Somit wird das Kind zum Spiegel seiner ihn umgebenden Menschen. Man kann Kinder nicht „nicht" prägen.

So beachten wir immer wieder jene Dinge, die uns bei den Kindern ärgern. Wir suchen nach den gleichen Qualitäten in uns selbst und vermutlich finden wir genau diese Qualität in der einen oder anderen Form. Als Erwachsener sind wir somit ein Teil der Persönlichkeit des

Kindes, da es mit uns und auf Grund unserer Verhaltensweisen und Handlungen lernt. Deshalb ist es wichtig, achtsam mit jenen Impulsen umzugehen, die wir in jeder Sekunde aussenden. Wir haben daher nicht die Freiheit unbewusst zu sein, sondern wir müssen Wege finden, die uns helfen uns unserer eigenen Persönlichkeit bewusster zu werden.

Die Autonomie von Kindern zu fördern ist heute eine sehr ernst genommene Aufgabe, die sich Eltern und TLI BegleiterInnen gerne setzen. Die Frage ist vor allem, was verstehen wir unter Autonomie. Bedeutet es einfach nur, dass Kinder alles, was sie schon können, selbst machen sollen? Manchmal beobachte ich, dass „im Namen der Autonomie" von Kindern zu viel verlangt wird. Zu viel ist nicht nur, was Kinder noch nicht können, sondern auch, was sie in diesem Moment gerade einfach wollen. Interessanterweise beobachte ich hier sehr oft einen Machtkampf zwischen Kind und Erwachsenen. „Und du musst aber" – hat sehr oft damit zu tun, dass wir eigentlich sagen „ich kann jetzt nicht nachgeben, denn sonst nimmst du mich nicht mehr ernst". Der große Graubereich zwischen Autonomie und leistungs- und ergebnisorientiertem Verhalten sowie den Machtspielen zwischen Kind und Erwachsenem, ist heute sehr hoch. Es ist hilfreich sich immer wieder zu fragen, ob das Kind nun wirklich in seiner ganzheitlichen Entwicklung unterstützt wird, oder ob es ein Stück weit seiner Kindheit beraubt wird. Eine Persönlichkeit, die unter Druck gesetzt wird, die Leistung zu erbringen hat, tun muss, was jetzt gerade nicht in den Spielplan passt, kann sich nicht voll und ganz entfalten. Dabei ist es wichtig immer im Auge zu haben, dass wir hier von ein bis vierjährigen Kindern sprechen. Welche Gesellschaft sind wir denn geworden, wenn wir jetzt bereits zweijährigen Kindern unseren gesellschaftlichen Druck zu entsprechen weitergeben müssen?

Noch einmal ist es mir wichtig aufzuzeigen, dass Kinder es lieben so viel als möglich selbst zu tun. Das gemeinsame Tun wird diese Begeisterung erhalten und weiter inspirieren. Das junge Kind ist von Natur aus interessiert und begeistert. Es soll Freude machen – das ist die Kernaussage. Die Kunst ist es daher, mit den Kindern so im Einklang zu sein, dass es eine große Freude ist, vieles selbst zu tun und bereits zu können. Die Persönlichkeit des Kindes prägt sich durch die vielen Erfahrungen und Erlebnisse sowie das gemeinsame Tun. Im gemeinschaftlichen Tun können wir im Sinne der Persönlichkeitsentwicklung auf die Impulse achten, die aus dem Inneren des Kindes kommen. Wir können das Beobachtete aufgreifen und durch einen angeleiteten Impuls begleiten.

<u>Kinder sollen Kinder sein</u>

Dürfen Kinder in der heutigen Zeit noch Kinder sein? Muss das Kind still beim Tisch sitzen, der Teller perfekt am Tisch stehen und es mit der Gabel essen? Muss es selbst das Wasser beim Waschbecken aufdrehen, das Gesicht waschen, die Hände abtrocknen – oder möchte es das tun?

Was das Kind muss und was es möchte, ist oft ein großer Unterschied. Was ist der Impuls des Kindes? Wie weit ist seine Persönlichkeit wirklich entwickelt? Entwicklungssensitive Begleitung im Sinne der Persönlichkeit bedeutet daher Kinder in ihrer ihnen eigenen Persönlichkeitsentwicklung zu begleiten. Kinder dürfen ihre eigenen Persönlichkeitsmerkmale kennen und schätzen lernen. Sie sollen wissen, „Ja, das bin ich. Ja, so bin ich und das ist gut so". Persönlichkeit und Selbstwert sind eng miteinander verbunden. Ein starkes Selbstbewusstsein hilft eine gesunde Persönlichkeit zu entwickeln. In dieser Persönlichkeitsentwicklung soll die Einzigartigkeit jedes Kindes erhalten bleiben. Das Gleichmachen und Gleich-Sein-Müssen wird in der TLI Pedagogics nicht angestrebt. So wird Raum für die Entwicklung von Stärken der eigenen Selbstkompetenz gelassen.

Autonomie ist nicht gleich Autonomie! Autonomie (*Selbständigkeit*), wird manchmal vom Erwachsenen erzwungen, weil aus der Sicht des Erwachsenen das Kind es schon können sollte *(=leistungsorientiertes und ergebnisorientiertes Begleiten)*. Autonomie ist dann frei, wenn das Kind eine freie, ungezwungene Freude daran hat, etwas zu können, was Erwachsene oder ältere Kinder in seiner Umgebung schon tun. Es ist das Leben in einem liebevollen und achtsamen Miteinander, das uns zur Autonomie führt.

TLI Pedagogics wird den Impuls des Kindes so oft als möglich in den Vordergrund und das Interesse des Erwachsenen *(Impuls von außen)* als sekundären Schritt sehen.

Konflikt ist Persönlichkeitsbildend. Persönlichkeit wird von angenehmen und unangenehmen Lebenssituationen geprägt. Wie wir Konflikte ausleben, einander begegnen und miteinander sprechen wird beim Kind einen Eindruck hinterlassen. Gutes Beobachten macht es möglich Konflikte schon bevor sie eintreten zu erkennen. So entsteht beim Kind in den ersten drei Lebensjahren sehr oft Stress im Konflikt, da es noch nicht ausreichend Lösungsmöglichkeiten kennengelernt hat. So überlegen wir in einer Situation, ob jedes beteiligte Kind den gerade stattfindenden Prozess bereits verstehen kann. Kann das Kind nachvollziehen, was hier passiert ist? Durch die guten Begegnungen mit jedem einzelnen Kind weiß die TLI BegleiterIn auch meist sehr gut, ob ein Kind bereits in der Lage ist diese Situation selbst zu lösen. Kann das Kind eine Situation nicht verstehen und nachvollziehen so hilft es wiederholt Lösungsmöglichkeiten aufzuzeigen und dem Kind zu erlauben diese langsam und schrittweise anzunehmen und selbst anwenden zu beginnen. Bei liebevollem Vorzeigen und gemeinsamen Erleben, werden die vorgezeigten Konzepte nachhaltig bestehen bleiben. Impulse können auch eine große Hilfe sein, besonders dann, wenn das Kind schon teilweise Lösungen selbst findet. Wie es dem Kind in einem Konflikt geht, hängt von der Umgebung, in der es sich bewegt ab, davon, was es beobachtet und welche Erfahrungen es bereits gemacht hat. Dort, wo Konflikt nicht verstanden werden kann, macht es wenig Sinn das Kind in den Konflikt zu führen. Ist die kognitive Reife nicht gegeben um die Situation zu erfassen, kommt es zu einer Erhöhung des Stresslevels. Konfliktvermeidung kann in diesen Fällen angestrebt werden.

Die heranwachsende Persönlichkeit wird auf Grund der Erlebnisse sein soziales Bewusstsein bilden. TLI BegleiterInnen legen auch in der Konfliktbegleitung ein großes Augenmerk auf die „liebevolle Begleitung durch die Situation". Sozialkompetenz erwirbt das Kind im täglichen Umgang mit den Menschen um sich herum – groß sowie klein. Das Kind wird auch immer versuchen unsere Verhaltensweisen zu kopieren. Aussagen, die nicht nachvollziehbar sind, können beim Kind keine Entwicklung anregen und sollen daher nicht als Impulse verwendet werden. Dazu gehören Fragen wie, „Du musst aber schon teilen" Du darfst nicht schlagen! Sei lieb! etc."

Solange diese Konzepte auf das Unverständnis im Kind treffen, werden sie nicht Teil seiner Persönlichkeit werden können. In *TLI Pedagogics* ist es uns wichtig, dass soziales Bewusstsein nicht nur im Bereich des „Gewissens" verankert wird - also „Ich tue das nicht, weil man das nicht darf" – sondern es soll ein nachhaltiges Erkennen und Verstehen stattfinden.

Es ist uns ein Bedürfnis dem Kind dabei behilflich zu sein ein nachhaltiges Verstehen für einen achtsamen Umgang mit anderen Menschen entwickeln zu können. Dazu ist es wichtig, dass wir selbst grundlegenden Respekt für Menschen - groß und klein - entwickeln. So wollen wir Kindern Unterstützung bieten, wo sie nach Hilfe verlangen. Das Verstehen der Bedürfnisse führt dazu, dass wir wo notwendig - die Stimme und Begleiter der Kinder werden. Das Kind darf Schritte, die es schon selbst schafft, oder welche es sich selbst zutraut auch selbst setzen. Gute und harmonische Beziehungen bauen Vertrauen und helfen dabei Kooperation vom Kind im Konflikt zu erhalten. Im Konflikt kann die nährende und unterstützende Kommunikation diesen begleiten. Wir nutzen Impulse, die zur Bereinigung beitragen können.

Fassen wir zusammen:

- Neugeborene bringen klare Erwartungen in ihr Leben mit.
- Die Persönlichkeit ist bei jedem Menschen, Erwachsenen wie auch Kind, ständig in Weiterentwicklung.
- Stimulationen hängen sehr eng mit der Idee der begleitenden Erwachsenen zusammen.
- Das Kind lernt durch das Vorleben und Vorzeigen.
- Die Persönlichkeit des Kindes wird auch von der Umwelt mitgestaltet.
- Kinder sind auch Spiegel der Erwachsenen.
- Autonomie kann zum ziel- oder ergebnisorientieren Begleiten führen und die freie Entwicklung des Kindes einschränken.

KAPITEL 10
ABLÄUFE, REGELN UND GRENZEN

Jeder Tag ist mit aktivem Tun und Abläufen angefüllt. Diese folgen oft unseren geplanten Mustern, oder auch unbekannten Strukturen. Diese Tagesstruktur ist durch natürliche Wechsel wie Schlaf – Nahrungsaufnahme – Aktivität – Freizeit ... usw. gekennzeichnet So gibt es ganz natürlich Phasen mit „angeleiteten" Tätigkeiten (z.B. Beruf, Hobbies, die einen exakten Ablauf haben, ...) und „freie" Aktivitäten (z.B. Freizeitgestaltung, Pausen, ...). Jeder Mensch erschafft sich seine Strukturen oder übernimmt bereits vorhandene Modelle. Wir bezeichnen diese als Routine. Verändert sich unser Umfeld, dann gibt es eine Zeit der Orientierungslosigkeit, nämlich genau so lange, bis wir neue Strukturen und Abläufe geschaffen haben. Viele Abläufe sind standardisiert und wir denken kaum darüber nach. Manchmal ist es sinnvoll gewisse Abläufe im Leben zu hinterfragen, aber das ist ein Thema, welches wir hier nicht behandeln werden.

Ein Kind erfährt Strukturen und Abläufe ab dem ersten Tag seines Lebens. Schon mit der Geburt erschaffen die es umgebenden Menschen neue Strukturen, in welche das Kind einbettet wird und worin es aufwächst. Diese können sich sehr von den täglichen Abläufen anderer Kinder unterscheiden, da sie je nach Kulturkreis, Land, Berufsleben der Eltern, sozialem Milieu, Familienzusammenstellung etc. gekennzeichnet sind. Auch in der TLI Gruppe geben Strukturen und Abläufe den TLI BegleiterInnen und dem Kind Halt durch den Tag, auch durch sein Leben. Sind Abläufe erst einmal geschaffen, so gewöhnt sich das Kind daran. Eine Veränderung von bekannten Strukturen führt immer zur Orientierungslosigkeit und somit zu Stress beim Kind. Veränderungen sollen daher, wenn überhaupt notwendig, sanft und schrittweise erfolgen.

Strukturen, Ordnung Abläufe, Rituale, Regeln, Grenzen und ein liebevolles Miteinander sind jene stabilen Bestandteile, die Kinder brauchen um sich frei zu entfalten und lernen zu können. Es gibt ihnen die Sicherheit, den Halt und die Orientierung im Tagesgeschehen, den sie brauchen. Das Kind kann Zeit noch nicht im gleichen Ausmaß verstehen wie ein Erwachsener. 5 Minuten existieren im Verständnis des sehr jungen Kindes nicht. Es kann auch kaum abschätzen, was Minuten, Stunden ... usw. bedeuten und wie lange das nun dauert. Daher sind geregelte und täglich wiederholte Abläufe, die den Tag unterbrechen, wie z.B. Mahlzeiten, Schlafzeiten, Baden, Spielplatz usw. sehr willkommene Anhaltspunkte. In *TLI Pedagogics* sollen diese aber nicht zu starr sein. Der Biorhythmus jedes einzelnen Kindes soll weitgehend bestehen bleiben dürfen.

Dennoch erzeugen gleiche Prozesse jeden Tag das Gefühl von Ordnung und Geborgenheit. Deshalb wird TLI-BegleiterInnen geraten, einen strukturierten, geordneten und klaren aber weiten Rahmen zu erstellen. Das bedeutet also, dass Abläufe nicht zeitlich getaktet und exakt eingehalten werden müssen. In der Begleitung von ein bis dreijährigen Kindern werden diese Abläufe vor allem individuell gestaltet. Jedes Kind darf sanft in die Gruppe hineinwachsen. Dieser sanfte Übergang von den gewohnten Abläufen zu Hause hin zu der Gruppe geschieht in der Zeit der Eingewöhnung. *(Mehr dazu im Buch Tatsächlich der 1. Tag ist da, erhältlich auf Amazon oder direkt bei mir).*

Rituale machen Spaß und sind ein Teil des Spiels des Kindes. Werden sie stabil und regelmäßig im Tagesablauf der Kinder eingesetzt, so dienen sie ebenfalls als Anhaltspunkt für die Kinder. Rituale sollen bei sehr jungen Kindern gleich bleiben. Verändern wir diese ständig so dienen sie nicht mehr dazu gemeinsam geschaffene Gewohnheiten, Abläufe, Reihenfolgen zu erkennen. usw. Wird es für das Kind verwirrend kann dies sogar zu Unsicherheit und Stress führen. So soll es einen Beginn und ein Ende der gleitenden Essenszeiten geben. Das Kind erkennt die Orientierung, auch wenn es selbst vielleicht noch nicht hungrig ist und essen gehen möchte. In den TLI Kursen werden Tagesimpulse erarbeitet, die einen Rahmen schaffen können. Dabei ist es immer wichtig zu betonen, dass jede Gruppe eine eigene Dynamik hat und somit Impulse und Rituale nicht allgemein geschaffen werden können.

TLI BegleiterInnen beobachten die einzelnen Kinder aber auch die Gruppendynamik. Es ist spannend zu sehen, wie sich im Laufe des Jahres die Biorhythmen der Kinder aufeinander einstimmen und einander ähnlich werden – auch wenn wir dies nicht vorgeben. Abläufe, Rituale und Strukturen wiederum müssen dem Alter, der Entwicklung und der Lebenserfahrung der einzelnen Kinder angepasst sein.

Sie sollen sinnvoll und kind-bewusst gestaltet sein. Rituale zu haben, nur um des Wortes willen oder um einfach nur Struktur und Ordnung zu haben, ist nicht sinnvoll. Welchen Sinn machen die Rituale, die wir auswählen? Das ist die Frage, die wir uns im Team stellen. Wann setzen wir diese Rituale ein? Wie oft wiederholen wir den Impuls? Um Kindern die Sicherheit und den Halt durch Abläufe, Strukturen und Rituale zu geben, überlegen wir vorerst genau, was diese bei den Kindern auslösen und ob diese unseren Wunsch - dem Kind die Möglichkeit zu bieten sich frei zu entfalten - entsprechen.

Ein wichtiger Teil der Entwicklung des Kindes in diesem Alter ist die Entwicklung der Persönlichkeit. Wie TLI BegleiterInnen mit de, Thema Grenzen, Regeln, Konsequenzen und Freiräumen umgehen, wird eine starke Prägung des sich intensiv entwickelnden jungen Kindes geben.

Wie schon mehrmals erwähnt sind gerade die ersten Lebensjahre prägend für die Entwicklung der Persönlichkeit. Erwachsene haben heute viel Bewusstsein, das dem Kind eine starke, gesunde, natürliche Persönlichkeitsentwicklung ermöglicht. Immer mehr erkennt unsere Gesellschaft, dass es nicht egal ist, was und wie Kinder in den ersten Lebensmonaten und Lebensjahren umsorgt werden. Das Verstehen neuer Modelle ist sehr wichtig, um den Kindern die Chance zu geben, eine neue Zukunft zu schaffen. Wenn wir heute damit beginnen, anders als je zuvor auf unsere Kinder „einzugehen", dann werden wir eine andere Zukunft mitgestalten. Dies ist nicht nur für die ersten Lebensjahre zutreffend - es darf ein durchgängiger roter Faden bis ans Ende der Pubertät und somit den Eintritt in das Erwachsenenalter vorhanden sein. Deshalb habe ich *The Lelek Idea* für Kinder im Alter bis zu zwölf Jahren mittlerweile entwickelt.

Im Sinne des ganzheitlichen Heranwachsens eines Menschen habe ich immer wieder bemerkt, dass die erlernten Modelle und angewandten Methoden der frühkindlichen Begleitung bis heute sehr leistungsorientiert sind. Es braucht ein Ziel in allem was wir tun. Das Kind darf nicht einfach wachsen. Es muss schon dorthin wachsen, wo wir es hinhaben wollen. Denn dann sprechen wir von Bildung. Irgendwie habe ich das immer schon eigenartig gefunden. So entstand in mir schon bald der Eindruck, dass wir bestimmen wollen, was aus Kindern wird. Die mitgebrachten Talente und Persönlichkeitsmerkmale werden dabei keine besondere Bedeutung spielen und oft dem Kind sogar abgewöhnt. Dieser Prozess erscheint fortschreitend zu sein, vor allem dort, wo Sprachentwicklung auf Grund von Zusammenstoßen verschiedener Kulturen ein Thema wird. Die Vorbereitung auf die tägliche Arbeit von PädagogInnen begann meist mit der Zielformulierung. Das heißt, in jeder Aktivität muss es ein Ziel oder einen Schwerpunkt geben. Es wurde in die Köpfe der PädagogInnen die Notwendigkeit gepflanzt, sich zu überlegen, wohin das Angebot und die Aktivität nun führen soll.

Das beinhaltet natürlich auch den Glauben, dass wir bereits in den ersten Lebensjahren sehr aktiv auf die Kinder zugehen müssen, um sie in ihrem Wachsen zu fördern. Es beinhaltet eigentlich auch eine gewisse Einstellung, dass das Kind nicht „fertig" ist und von uns zu einem bestimmten Ergebnis ja also zu einem von uns gesetzten Ziel kommen soll. Also stellen wir uns die Frage: „Welche Ziele sind erlaubt?" Muss es immer einen schwerwiegenden Einfluss auf eine Entwicklungsphase der Kinder geben? Zu einem gewissen Grad müssen wir uns auch eingestehen, dass diese Form der Aktion beinhaltet, dass wir davon ausgehen, dass ein Kind ohne meinen pädagogischen Fokus auf ein bestimmtes Ziel zu halten sich in diese Richtung nicht entwickeln würde. Bildungspläne und Curriculums unterstützen die Ausrichtung auf ein Ziel. Ziele, Entwicklungsziele oder klare Ausrichtungen auf Erfolg sollen nicht im Vordergrund stehen. Zielformulierung ist aus unserer Sicht sehr achtsam anzuwenden, da viele immer wieder dazu neigen, die ganzheitliche Sicht auf den Menschen (das Kind) zu verlieren und es als ein Objekt der Förderung zu betrachten. Auch wenn wir es heute die Entwicklung von Kompetenzen nennen, so steckt dahinter immer der Gedanke, dass wir dafür zu sorgen haben, das Kind auszurichten.

In *TLI Pedagogics* setzen wir uns also kein Ziel und keinen Schwerpunkt, wohin wir das Kind führen wollen. Vielmehr aber dokumentieren wir das Ergebnis und den Lernprozess, welchen jedes einzelne Kind selbst geschaffen und erreicht hat. Wir halten die Entwicklungsschritte, welche wir im jeweiligen Kind beobachtet und wahrgenommen haben fest und ersehen daran seine natürliche gesunde Entwicklung. So habe ich viele Male erlebt, dass Kinder sich spannenderweise scheinbar ganz ohne meine vorgegebene Orientierung entwickeln und das sogar sehr gut ☺.

Die Elementarpädagogik entwickelte sich in den letzten Jahren weltweit sehr stark. Die Bedeutung der ersten Lebensjahre hat sich für Fachkräfte verändert, wobei immer noch der Fokus auf die Zeit ab dem vierten Lebensjahr gelegt wird. Sehr viele gute und wichtige Aspekte sind in den Ausbildungen zu finden. Ein wichtiger Teil ist das Verstehen der Entwicklung aber auch des Kindes selbst. Das beinhaltet auch ein Verständnis über den Reifungsprozess zu haben. So reift jede Person ein Leben lang in ihrem eigenen Tempo und in einem ganz eigenen Weg. Der Mensch ist gleich fertig und unfertig mit der Geburt und darf das Leben als Lernfläche sowohl als junger als auch als alter Mensch nutzen.

Dort, wo Zusammenleben in einer Gruppe von 2 oder vielen Personen stattfindet, ist es im Vorfeld sehr wichtig, sich genau zu überlegen, welche Regeln, Grenzen und welchen Rahmen brauchen wir, um unsere Bedürfnisse zu erfüllen, aber auch unser individuelles und gemeinsames Wohlbefinden zu gewährleisten. In der TLI Gruppe werden Regeln daher immer an die jeweilige Gruppe angepasst. Woran sich Kinder in der Gruppe wirklich halten sollen ist eine Frage der Gruppendynamik. Bitte unterlasse sinnlose Regeln oder Grenzen. Unterlasse auch Regeln und Grenzen, die du selbst gedenkst nicht einzuhalten sowie jene, die du dann vergisst umzusetzen.

Wir sprechen von den lebensnotwendigen (Gefahren sichern), überschaubaren Regeln. Gerade in der Gruppe tendieren wir manchmal dazu ein „Regelkorsett" zu schnüren. Viele behaupten, es mache Abläufe einfacher. Sehr junge Kinder können eine Vielzahl von Regeln einerseits nicht verstehen, andererseits nicht behalten, geschweige denn umsetzen. Gibt es zu viele Regeln, geht die Individualität und die Entfaltung verloren. Weniger ist mehr! Genau nach diesem Motto wählen wir die wichtigsten und unumstößlichen Regeln aus.

Das Einfordern dieser Regeln passiert liebevoll und sanft. Wir können von Kindern in diesem Lebensalter nicht erwarten, dass sie sich ausschließlich im erstellten Rahmen bewegen. Das werden diese auf keinen Fall tun. Erst einmal kennen sie die Regeln noch zu wenig und verstehen auch oft den Sinn nicht. Warum man nicht am Tisch steht, warum die Hände vor dem Essen zu waschen sind, und warum eine Windel rechtzeitig gewechselt werden soll, ist sehr logisch und klar für uns als Erwachsene – für Kinder in diesem Alter sind diese Konzepte nicht logisch nachvollziehbar.

Erstellen wir Regeln so wollen wir folgende Orientierung geben:
- das Kind in seiner freien Entfaltung zu unterstützen.
- es mit seinen Stärken in Berührung zu bringen.
- es mit Selbstvertrauen und dem Vertrauen in seine Primär- und Sekundärpersonen anzufüllen.
- es in diesem Moment erleben zu lassen und mit ihm an der Fülle der Kleinigkeiten zu wachsen.
- TLI BegleiterInnen abzuverlangen, vollkommen präsent zu sein und somit eine gute, starke und sichere Beziehung zum Kind aufzubauen.
- das freie Spiel in den Vordergrund zu stellen.
- nicht zu oft einzugreifen, sondern die selbstgesteuerte Entwicklung zu fördern.

Wir streben ein von Leistungsorientierung freies Begleiten der Kinder in diesen sensiblen und sensitiven Phasen an. Alles ist auf natürliches Heranwachsen und eine ganzheitliche, freie Entfaltung ausgerichtet. Letztendlich wissen wir nie, wohin neue Möglichkeiten des Begleitens führen. Prognosen können aufgestellt werden. Sicherheit werden wir erst dann haben, wenn viele Erwachsene mit einem vollkommen neuen Zugang an Kinder herantreten und diese damit in Berührung kommen. Die Evaluation der Auswirkung ist nur durch die Zeit und die Beobachtung möglich.

In der TLI Gruppe stehen Freude, Freiheit, Spontanität, Verständnis, Sinnhaftigkeit, aktive Beteiligung und lebensnahe Entfaltung im Vordergrund. Wir bieten den Kindern Raum, Platz und Möglichkeiten sich auszudrücken, viel zu erzählen. Wir stellen offene Fragen und regen damit eigeninitiierte Impulse, Ideen und Ansätze der Kinder an. Wir unterstützen das freie und selbständige Denken des Kindes.

Eine der ersten prägenden Persönlichkeiten, die mich auf diese Form der Begleitung von Kindern in den späten 90er Jahren des letzten

Jahrhunderts aufmerksam gemacht hat, war der damals sehr bekannte Psychologe und Berater Jan Uwe Rogge. So wie er gehen heute viel davon aus, dass Kinder Grenzen und Regeln brauchen. Gerade im Zusammensein in der Gruppe erkennen Erwachsene sehr schnell, dass vor allem Regeln und Grenzen für Struktur und harmonischen Ablauf sorgen. Ganz natürlich wird das Kind versuchen die Grenzen auszudehnen und Regeln zu verschieben, sowie TLI BegleiterInnen dazu zu bewegen diese flexibel zu gestalten. Das Entwicklungsinteresse des Kindes richtet sich nicht nur auf Sachkompetenzen, sondern auch sehr stark dahingehend aus, die Umgebung und sich selbst kennenzulernen.

Der notwendige Rahmen für ein gutes Zusammenleben soll daher aufrecht gehalten werden. Wir erlauben das Verschieben von Grenzen nicht, wenn diese wirklich notwendig sind und gut reflektiert wurden. Es ist die Leidenschaft der Kinder ihre Grenzen auszutesten und zu sehen, ob es eventuell doch möglich wäre eine Grenze zu verschieben und somit seinen Wirkungsbereich auszudehnen. Das passiert weder böswillig noch bewusst. Kinder werden immer wieder an diese Grenzen gehen. Wichtig ist, dass wir ruhig bleiben. Es ist die Natur des Kindes. Es lernt auch auf Grund der Reaktionen, die durch „unerwünschtes" Verhalten hervorgerufen werden. Immer wieder hören und lesen wir von pädagogischen Fachkräften, die trotz langjähriger Ausbildung und Erfahrung auf solche Situationen mit mehr oder weniger milden Strafen reagieren. Ich glaube, dass dies sehr oft deshalb geschieht, weil wir das Spiel des Kindes, seine Grenzen kennen zu lernen missverstehen. Manchmal deuten pädagogische Fachkräfte dies als einen Machtkampf des Kindes und nehmen Grenzverletzungen persönlich. Erkenne. Kinder lernen. Sie lernen auch durch Reibung und durch Regelverstoß. Liebevolle und achtsame Begleitung hilft den Kindern ihre Stabilität zu finden und ein „Nein" zu akzeptieren. Notwendige Grenzen sollen deshalb nicht verschoben werden.

Erachte es nicht als besonders schlimm, wenn das Kind versucht die Grenzen auszuloten. Nennen wir es willensstark und eine Übung für Beständigkeit. Kinder, die gerne an die Grenzen stoßen, sollten nicht gleich als verhaltensoriginell, auffällig, ADHS etc. bezeichnet werden. Nur, weil ein Kind sich innerhalb der vorgegebenen Regeln und

Grenzen einfach und leicht bewegt, heißt es nicht, dass es ein besonders braves Kind ist. Es bedeutet einfach nur, dass es sich innerhalb dieser Grenzen bewegt. Betrachten wir diese Verhaltensweisen neutral, so ist es uns meist auch möglich einfach und klar das Einhalten der Grenzen einzufordern.

Als Beobachter werden wir sehr einfach und schnell herausfinden können, welche Kinder unsere Unterstützung brauchen, um sich an Grenzen halten zu können. Vielleicht verstehen manche Kinder diese nicht, weil sie zu Hause kein ähnliches Modell vorfinden. Durch die wahrnehmende Beobachtung können wir sehr gut erkennen, wann der Grenz- oder Regelverstoß und was in diesem Augenblick passiert. Anstatt eine Einteilung, Unterteilung, Zuordnung oder Vermutung über das Kind aufzustellen, beobachten wir viel und lange.

Etwas als Erwachsener einzufordern ist auch ein kontinuierliches Erkennen der Verlässlichkeit deines Wortes den Kindern gegenüber. Kinder wollen diese Grenzen erleben, erfahren und auch die Reaktionen kennenlernen, die wir bei Regelverstoß einsetzen. Sie möchten wissen, ob das was wir sagen, auch zutrifft. Genieße diese Momente. Meist gehen Erwachsene in den Widerstand. TLI BegleiterInnen, die sich durch solches Verhalten von sehr jungen Kindern in ihrem Stolz verletzt fühlen, sollen einen intensiven Schwerpunkt auf ihre eigene Persönlichkeitsentwicklung legen. Sehr junge Kinder haben einfach nur das Bedürfnis ihre Grenzen auszutesten, ihre eigenen Grenzen wahrzunehmen und zu erfahren. Das kann nicht oft genug wiederholt werden.

Sehr ruhig und sehr beständig weisen wir die Kinder auf diese Regeln hin und fordern diese ein. Es ist immer besser, diese gemeinsam mit den Kindern (dem Alter entsprechend) zu erarbeiten und wenige und sehr einfache Regeln zu haben. Regeln sind in einfacher Sprache formuliert und werden immer wiederholt. „Nicht", „Nein" und „Lass das" werden häufig vermieden. Die Formulierungen sind positiv und zielgerichtet auf das, was erreicht werden soll. In einem Nassbereich, wo laufen gefährlich sein kann, werden die Kinder darauf hingewiesen: „Bitte gehe hier!" Die Regel wird wiederholt und eingefordert.

Je aufmerksamer TLI BegleiterInnen beobachten, desto früher kann erkannt werden, wann Regeln unklar sind. Es kann auch sehr gut jener Moment beobachtet werden, wo Kinder sich einen Grenzübertritt überlegen. Sehr sanft und liebevoll kann eine Korrektur des Verhaltens stattfinden, noch bevor die Idee zu einer Manifestation kommt. So lassen sich viele Konflikte zwischen Erwachsenem und Kind im Vorfeld bereits sanft und liebevoll beseitigen und es bedarf weniger oft des frontalen Aufeinandertreffens der beiden. Das Kräftemessen verwandelt sich in ein angenehmes miteinander Fließen, wo trotzdem alle ihre Einzigartigkeit und ihren freien Willen beibehalten können.

Wahrscheinlich hast du schon bemerkt, dass Kinder in den ersten Lebensjahren immer Interesse daran haben, Feedback vom Erwachsenen zu erhalten. Sie versuchen für all ihr Tun ein „Ja" oder „Nein" zu erhalten. Sie suchen den Blickkontakt oder kehren immer wieder zum Erwachsenen zurück, um eine oft nur nonverbale Zustimmung für ihr Tun zu erhalten.
Wie viele Regeln und welche in einer Gruppe wichtig sind, hängt sehr vom Umfeld ab, in dem sich die einzelnen Kinder bewegt haben.

Gehen wir davon aus, dass 5 wichtige Regeln in jeder Gruppe bestehen und meist auch die wichtigsten Punkte abdecken. Diese 5 wichtigen Regeln sind unumstößliche Regeln, die eingehalten werden sollen und welche auch eingehalten werden müssen. Sie dienen der Sicherheit, Gesundheit, sowie dem sozialen Miteinander.

Es sollten nicht mehr als 5 Regeln notwendig sein. Mehr Regeln führen zu einem starren, engen Korsett, aus dem sich das Kind zu befreien versucht und dabei beginnt es, den Regelverstoß als Hauptaktivität des Tages zu verwenden. Das heißt im umgekehrten Sinne auch, dass Kinder, die regelmäßig versuchen, Regeln zu verändern, auszudehnen oder gar zu ignorieren, besondere Beachtung brauchen. TLI BegleiterInnen überlegen sich daher auch, ob

1. die Regeln klar kommuniziert sind,
2. die Regeln eventuell nicht am Kind oder dessen Bedürfnissen sowie Entwicklungsschritten orientiert oder überhaupt nicht altersgerecht sind *(kind-bewusst und altersgerecht bedeutet, dass Kinder ihrem Alter entsprechend in der Lage sein müssen, diese Regel ein-*

zuhalten),
3. zu viele Regeln vorhanden sind,
4. unnütze Regeln aufgestellt wurden *(manchmal macht es die Arbeit einfach bequemer),*
5. und anderes ...

Eines ist klar, Regeln bedeuten für jeden etwas anderes. Setze nicht voraus, dass das, was du als wichtig und notwendig empfindest, dem Kind bekannt ist. Jede Kultur lebt vollkommen unterschiedliche Regeln. Unsere Prioritätensetzung der Regeln, aber auch ethischen Grundideen und Werte weichen sehr oft von jenen, anderer Kulturen ab. Demnach sind manche Regeln für manche Kinder neu und ungewohnt und werden vielleicht auch nicht akzeptiert.

Nochmals: Gib dem Kind die Chance, sich so frei als möglich zu entfalten. Biete einen Rahmen (Regeln), der den Kindern Sicherheit und Halt vermittelt. Schnüre diesen nicht zu eng. 5 ist die „Magische Zahl" von *TLI Pedagogics*.

Bemerken TLI BegleiterInnen, dass mehr als 5 Regeln notwendig sind, dann ist die Frage zu stellen, ob es möglich ist, Dinge in der Gruppe so zu verändern, dass Regeln wegfallen. Manchmal können kleine Veränderungen bereits dazu führen, dass vieles freier geschehen kann. *TLI Pedagogics* gibt TLI BegleiterInnen auch 5 Regeln vor. Bedenke diese, wenn du Rahmen, Struktur, Regeln erstellst und Grenzen setzt:

Regel Nummer 1: Erwarte niemals vom Kind etwas, was du selbst nicht bereit bist vorzuleben! Bedenke, dass ganz vieles gar nicht erst besprochen werden muss oder in eine formulierte Regel gebracht werden muss, denn es ist vieles einfach schon klar, dadurch, dass du es vorlebst und die Kinder werden es dir nachmachen. Das ist das Geschenk der ersten Lebensjahre. Dies erscheint eigentlich sehr einfach. Fragen wir uns kurz einmal, wie wir damit umgehen, wenn wir wütend oder verletzt sind, dann können wir in so manchen Regeln schon eine Herausforderung sehen. Es gibt pädagogische Fachkräfte, die nach einem Streit von den Kindern verlangen, dass sie sich beim anderen Kind entschuldigen. Wie lange brauchst du bis du jemand vergeben hast? Ist es möglich in 5 Minuten zu vergeben? Ja? Immer?

Wenn nein, warum würden wir es vom Kind verlangen? Darf es seine Emotionen ausleben und dann wieder „gut sein", wenn es wirklich okay im Innen ist?

Regel Nummer 2: Überlege dir immer, „Was will ich erreichen? Warum ist diese Regel für das Kind in seiner Entwicklung sinnvoll?" Kurzum - welche Verhaltensweise wird durch meine Regel gelernt? Lernen Kinder zum Beispiel durch meine Regel, dass sie nur im Geheimen, wenn niemand es sieht ein anderes Kind schlagen dürfen, so denke ich, kann dies keine Regel sein (*Verstehen ermöglichen anstatt strenge Konsequenzen setzen*) .

Regel Nummer 3: Evaluiere regelmäßig dein eigenes Verhalten um zu sehen, wie du selbst agierst und wie du auf die Kinder wirkst. Selbstreflexion ist unerlässlich. Dabei ist es wichtig nicht an der Oberfläche zu bleiben, sondern wirklich in die Selbstehrlichkeit zu gehen. Die gute Nachricht ist, du musst es niemand außer dir eingestehen.

Regel Nummer 4: Überlege: Ist diese Regel dauerhaft notwendig oder wird diese nur für einen kurzen Zeitraum benötigt? Vergiss nicht deine aufgestellten Regeln selbst immer wieder zu evaluieren. Durch Beobachtung ist es möglich sehr schnell und frühzeitig zu erkennen und zu reagieren.

Regel Nummer 5: Wie viel Aufmerksamkeit widmest du der korrekten Umsetzung einer erstellten Regel? Welche Konsequenzen wirst du wirklich einsetzen, wenn das Kind die Regel nicht einhält? Kommst du hier zum Ergebnis, dass es keinerlei Konsequenzen geben wird, dann kannst du gleich damit aufhören, diese Regel überhaupt anzudenken!

Fassen wir zusammen:

- Sehr junge Kinder brauchen Strukturen und Abläufe
- Abläufe, Rituale und Strukturen wiederum müssen auf die Entwicklung der einzelnen Kinder abgestimmt sein
- Überlege, was die vorgegebenen Abläufe, Regeln und Grenzen beim Kind auslösen werden und ob diese der freien Entwicklung des Kindes dienen

- Beschränke dich auf maximal 5 wichtige Regeln - Kreiere kein Regelkorsett für das Kind
- Frage dich: „Sind Regeln klar kommuniziert und sind diese am Kind orientiert"
- Erinnere dich an die 5 Regeln für TLI BegleiterInnen

KAPITEL 11
ZEIT FÜR VOLLKOMMENE ENTFALTUNG

Sprechen wir von „Vollkommener Entfaltung" so sprechen wir bildlich von der Transformation einer Raupe zu einem Schmetterling. Dieser Prozess braucht Zeit und Geduld. Es werden dabei Stufen, Phasen und Transformationsprozesse durchlebt. Es kann auch Momente des Schmerzes geben . Es schließt ebenfalls mit ein, dass jeder Moment neu und unbekannt ist. Weiters bedeutet es auch, dass dieser Prozess aus dem Inneren geschieht. Niemand kann von außen eine Raupe zum Schmetterling transformieren. Das Lebewesen erreicht dies aus eigener Kraft. So sehen auch wir das Thema „Vollkommene Entfaltung!" Dafür brauchen Kinder Raum und Zeit, die wir zur Verfügung stellen sollen.

Entwicklung ist ein natürlicher Prozess, der uns auf unserem Lebensweg vom Neugeborenen zum alten Menschen begleitet. Sprechen wir über Entwicklung, dann beschreiben wir den sichtbar werdenden und erkennbaren Reifungsprozess des Menschen vom Säugling zum Erwachsenen. Dieser Prozess findet ganzheitlich auf der Ebene des Körpers, unserer Gefühle, unseres Denkens und unserer seelische Reife statt.

Der Prozess der Entfaltung betrifft ebenfalls den Körper in seinem Wachstum, die Emotionen, in ihrem natürlichen Reifungsprozess, sowie die Entwicklung des Geistes, oder die mentale und seelische Reifung. Wir sehen es als einen Prozess der Entfaltung im menschlichen Wesen. Dabei integrieren sich Stärken, Fähigkeiten, Fertigkeiten und vieles mehr in das Gehirn, in das psychische Make-up und bis in die einzelnen Zellen. Wieviel Entfaltung in jedem Menschen möglich ist, hängt gerade im Kindesalter von den umgebenden Faktoren und sehr stark von den Erwachsenen ab. Erwachsene bestimmen für das Kind das Umfeld. Wird der heranwachsende Mensch älter, so kann er/sie sein Umfeld selbst mitbestimmen. Entfaltung ist ein natürlicher Ablauf, der aus dem Inneren des Kindes passiert.

Um die beiden Begriffe verständlicher zu machen, möchte ich hier ein Beispiel der heranwachsenden Blume verwenden. Denke an eine Blume. Ich selbst habe hier sehr oft das Bild der Pfingstrose vor meinen Augen, da sie eine wirklich große Knospe bildet bevor sie sich öffnet. Bevor wir also die Blütenblätter einer Blume zu Gesicht bekommen (*Entwicklung*) findet ein Prozess im Innen statt (*Entfaltung*). Dabei werden Farbe, Form der Blüten, Duft, etc. gestaltet (*Entfaltung*). Wie gut sich die Blume entwickeln kann und ob sie ihre Blüten zur vollen Entfaltung bringt, hängt von den umgebenden Faktoren (*Luft, Wasser, Mineralien, Sonne, etc.*) ab. Wir können im Außen die innere Entfaltung nicht immer klar erkennen. Doch an Hand unseres erlernten Wissens über diese spezielle Blume oder auf Grund von vielen Jahren Beobachtung, können wir gewisse Veränderungen deuten. Wahrlich erkennen, was zur Entfaltung kommt können wir erst, wenn die Blume ihre Blütenknospe öffnet. Dann wird das Wunder sichtbar.

Wir können diesen Prozess nicht beschleunigen oder erzwingen, aber wir können ihn durch die optimale Umgebung begleiten. Es ist ein Reifungsprozess; ein Heranreifen von bereits natürlich vorhandenen Fähigkeiten, zu welchen jedes Individuum fähig ist. Sie sind alle im Menschen angelegt. Die Frage ist, ob es zur Entfaltung kommen darf und wie viele dieser Fähigkeiten sich entfalten können. Der natürliche Ablauf wird durch die Impulse aber auch durch die mögliche Verinnerlichung der Impulse aus der Umgebung wesentlich geprägt. Das Wachsen beinhaltet Phasen der Entwicklung, die nach jedem einzelnen sogenannten „Entwicklungsschub" dem Kind mehr der im innen wohnenden Kompetenzen zur Verfügung stellt. Durch den Prozess der Entfaltung ist das Kind in der Lage einen Teilbereich seiner Fähigkeiten besser zu verwenden oder Inhalte besser zu verstehen. Um diesen Entfaltungs- oder Reifungsprozess vollkommen zu machen, braucht es Zeit und die Integration auf einer ganzheitlichen Ebene. Dazu zählt zum Beispiel das Sauber werden, die Sprachentwicklung, die soziale Entwicklung, die kognitive Entwicklung, die motorische Entwicklung und viele andere Prozesse und Phasen. Nur weil das Kind gewisse Fähigkeiten noch nicht entwickelt hat, sehen wir es nicht als halben oder unfertigen Menschen.

Entfaltung ist also ein Aspekt, welcher in der Entwicklung verankert ist. Wenn das Kind etwas wiederholt erlebt, wird die Erfahrung verinnerlicht. Wenn es zur Entfaltung kommt, dann kann das Kind die erlernten Fähigkeiten auch unabhängig von der Situation einsetzen und somit beginnen, sein volles Potenzial zu entwickeln. Kommt es nicht zur Entfaltung, so wird Entwicklung zu einem durchschnittlichen Menschen mit durchschnittlichen Fähigkeiten geschehen. Entfaltung ist ein Prozess, der schrittweise geschieht. Das Wiederholen, Erleben und Erfahren führt zu einem tieferen erleben und verinnerlichen. Die Lernprozesse, die damit verbunden sind regen neue Ideen an. Mit jeder Wiederholung oder Abänderung erweitert und vertieft sich das Erlebte und die damit verbundene Erfahrung. Im Bereich der Entwicklung braucht Entfaltung ihren Platz. Es drückt eine Form des Seins aus, welche ganz natürlich in jeder Sekunde passiert, wenn es passieren darf. Entfaltung ist „selbst" gesteuert und nicht „fremd" gesteuert. Es bedeutet, dass das Kind etwas aus sich heraus entwickelt. Es wird durch einen inneren Impuls angeregt, sei es nun vom Gehirn, Geist, Herz oder von der Seele, sich jetzt zu entfalten und sich genauso zu entfalten, wie dieser innere Impuls es anregt! Es öffnet sich dann eine Ebene, in der eine tiefe Verwurzelung und Verankerung des Erlebten geschieht. Die damit verbundenen Bewegungen, Emotionen, Erfahrungen, die Sinne und die Übersinne sowie die genetisch angelegten und seelischen Aspekte werden alle in Verbindung mit diesem Erlebnis integriert. Sie werden einen Eindruck in der Persönlichkeit hinterlassen.

Vollkommene Entfaltung ist das Erreichen von einer gewissen Form an Meisterung von „Etwas" auf einem höheren Grad *(z.B. ein Kind lernt gehen. Die Bewegung wird immer harmonischer. Es geht einwandfrei).* Entfaltung geschieht schrittweise. Sie braucht Zeit und Platz. Im Prozess des Entfaltens braucht es keine Förderung vom Außen oder manipulierende Impulse. Sie können zwar den Entwicklungsschritt einleiten, aber die aus dem inneren kommenden Entfaltungsprozess nicht beschleunigen oder starten. Denn diese Prozess ist wie bei der Blume ein im innen stattfindender. Wir unterscheiden daher zwei Formen von Impulsen. Jene, die aus dem Inneren kommen und jene, die bewusst vom Außen gesetzt werden. Grundsätzlich ist das Außen immer da und deshalb wird das Außen auch immer Einfluss auf die Entwicklung des Kindes nehmen. Die aus dem innen kommenden Impulse sind jedoch jene, die Entfaltung ermöglichen und somit den Unterschied in der Art und Weise, wie das Kind die erworbenen Kompetenzen einsetzen kann, bedeuten.

Das Außen kann Impulse der Entfaltung sanft anregen. Impulse können das Kind auch manipulierend in eine Richtung bewegen, die der Erwachsene jetzt als notwendig sieht (*z.B. gehen – Gehschule*). Es wird jedoch nicht zur gleichen Verinnerlichung führen. Ist die Entfaltung im Vordergrund, so werden alle notwendigen Entwicklungsschritte vom Kleinkind zum erwachsenen Menschen passieren. Entfaltung und Entwicklung sind eng miteinander verstrickt. Das erste Geheimnis liegt im Impuls. Das zweite im Faktor „Zeit". Wer setzt den Impuls? Wird gefördert oder nicht? Kommt der Impuls aus dem Innen oder von außen? Wenn wir dem Kind zwar erlauben, sich zu entwickeln, ihm aber nicht die „Zeit" und die Möglichkeiten und den Raum bieten sich in diesem Entwicklungsmoment vollkommen zu entfalten, so wird die Erfahrungsebene eine mittelmäßige oder geringe Spur im Sein des Kindes hinterlassen. Vollkommene Entfaltung hinterlässt einen tiefen Eindruck und Abdruck auf allen Ebenen.

Natürlich ist in unserer Welt immer ein Teil der Entwicklung geleitet (*manipuliert*). Dieser Aspekt ist ein notwendiger Stimulus. Es wird gerade dann notwendig, wenn wir die jungen Kinder dabei begleiten, ihren Horizont zu erweitern. So spielt der äußere Impuls eine große Rolle im sozialen Bereich um zu einem liebevollen, achtsamen Miteinander heranzuwachsen. Dazu werden Impulse gerade dann notwendig, wenn zwei oder mehr Kinder aufeinandertreffen. Das Verhalten wird die mentale und emotionale Reife des Kindes und sein Verständnis zur Gemeinschaft widerspiegeln. TLI BegleiterInnen gestalten dies mit. Geleitet, angeleitet oder manipuliert bedeutet nicht, dass der eine oder der andere Impuls als „schlecht" zu bewerten ist. Unterschiedliche Impulse bieten dem Erwachsenen die Möglichkeit zu erkennen: wann bewegen sich die Kinder frei und wann nicht, wann passiert Entfaltung?

TLI-BegleiterInnen haben das Bestreben den Impuls so oft und so viel als möglich aus dem Inneren des Kindes kommen zu lassen. Interessiert sich ein Kind nicht für Puzzle, so interessiert es sich einfach nicht dafür. Krabbelt es wenig, so krabbelt es wenig. Solange das der natürliche Impuls des Kindes ist, gibt die TLI-BegleiterIn dem Impuls den Platz. Die BegleiterInnen wissen, dass Fähigkeiten und Fertigkeiten auf viele verschiedene Weisen vom Kind erworben werden können. Ein künstlich erzeugter Impuls muss nicht passieren, solange das Kind nicht unter einer Störung in einem Bereich leidet, der eindeutig seine Entwicklung verhindert. Das gilt für alle körperlich und geistig gesunden Kinder. *(Auf Kinder mit besonderen körperlichen oder geistigen Bedürfnissen wird in diesem Buch nicht eingegangen. Es gibt andere ExpertInnen, die das Thema ausführlich behandeln).*

So geben wir jedem Kind die Chance, sich in seinem individuellen Tempo zu entwickeln und zu entfalten und in dem Ausmaß, wie es seiner Natur entspricht. Deshalb ist es so wichtig, gerade in dieser Zeit Eigeninitiative zuzulassen und viel Platz und Zeit für das Kind zur Selbstentfaltung zu geben. Es wird die Erfahrungen viel tiefer erleben, wenn es aus dem Innen kommt. Vollkommene Entfaltung beinhaltet, dass wir dem Kind erlauben, sich so zu präsentieren, wie es ist. Jedes Kind ist sein eigenes Universum und es lebt in seinem eigenen Zyklus und seiner eigenen Welt. Wir werden daher mehr Impulse geben und weniger angeleitete Aktivitäten planen. Ziel ist es, dass jedes Kind sich in seiner Zeit, seiner Geschwindigkeit zur vollkommenen Ganzheit transformieren kann. Es soll mit Selbstsicherheit und positiver Ausrichtung im Leben stehen können.

Bezugnehmend auf die Angebote des Alltages wollen wir betont darauf hinweisen. „Weniger ist oftmals mehr!" Abläufe sollen viel Platz für FreiRaum lassen. Es ist dem Kind vollkommen fremd, seine ihm natürliche Spielgewohnheit auf Grund von andauernd stattfindender Animationsprogramme zu unterbrechen *(wie z.B. Musik, Englisch, Turnen, Rhythmik usw.).* Gerne erfreut sich das Kind an solchen Aktivitäten. Sie sollen jedoch nicht als ein „Muss" empfunden werden. Achtsamkeit ist ebenfalls darauf zu richten, dass die Kinder nicht ständig durch Aktivitäten aus ihrem natürlich stattfindenden Lernprozess gerissen werden. In wie weit das Kind durch zu viel Aktivität von seiner aus dem innen kehrenden Motivation weggeleitet wird kann nur durch wahrnehmende Beobachtung erkannt werden. Manchmal können wir nicht mehr erkennen, dass das Kind als individueller Mensch verloren geht und in der Masse gleich gemacht wird. In *TLI Pedagogics* setzen wir Angebote insbesondere dann ein, wenn kein natürlicher Entwicklungsimpuls stattfindet. Gerade am Beginn, wenn Kinder in die TLI Gruppe kommen, brauchen wir das sanfte Eingewöhnen in diese Freiheit des Wachsens. Viele Kinder, die in eine TLI Gruppe kommen, sind bereits so überstimuliert durch Impulse von außen, dass sie einige Zeit brauchen bis sie wieder zurück zu sich selbst finden. Hier braucht es eine sanfte und schrittweise Anpassung.

Das verstehen wir unter Zeit geben für vollkommene Entfaltung. Nochmals erwähne ich, dass es im Modell der *TLI Pedagogics* in den ersten Lebensjahren nicht darum geht das Kind mit unendlich viel Information, Bildung, Wissen, Angeboten und Lerninhalten anzufüllen. Vielmehr ist es das Ziel, die freie Entfaltung zuzulassen und das Kind sanft, liebevoll, unterstützend, nährend und aufmerksam zu begleiten und somit in seiner freien Entwicklung zu unterstützen. Korrekturen sollen ausschließlich dort stattfinden, wo sie wirklich notwendig sind. Wer mich persönlich kennt hat sicher schon meinen Lieblingssatz gehört: *„Wir dürfen uns vor allem auf die Begleitung der Entwicklung von Selbst- und Sozialkompetenz ausrichten. Klug werden die Kinder von ganz allein."* ☺

So erkennen wir, dass sanfte Korrekturen vor allem im sozialen Verhalten notwendig sind.. Ein zweijähriges Kind, welches wiederholt andere Kinder schlägt, ist kein „sozial schwaches Kind". Es entwickelt sich seinem Alter entsprechend und setzt somit auch Handlungen, die seinem Alter entsprechend sind. Dem Erwachsenen ist dieses Verhalten fremd geworden. Sehr junge Kinder sind keine Teamplayer. Sie spielen nicht miteinander und wollen Spielmaterial nicht teilen. Sie sehen sich selbst als den Mittelpunkt und wollen auch von anderen so betrachtet werden. Es ist daher natürlich einem anderen Kind ein Spiel wegzunehmen, wenn es das jetzt haben möchte, und hinzuhauen, wenn es das andere Kind nicht loslässt. Auch beißen ist nicht außergewöhnlich und eine Form von Kommunikation von Kindern in diesem Alter. Kinder, die scheinbar aggressives Verhalten einsetzen, kommunizieren mit einem anderen Kind auf jene Weise, die sie bereits verstehen und anwenden können. Es ist an uns zu verstehen, dass die Rahmenbedingungen für die Betreuung von jungen Kindern in Gruppen zu verändern ist und nicht die Natur des heranwachsenden Kindes. Es entspricht auch nicht der Tatsache, dass ein Kind, welches bereits sprechen kann, natürlicherweise zur Sprache greift und ausdrückt, was es möchte. Es hat ja in der Vergangenheit die Erfahrung gemacht, dass Schlagen, Stoßen, Wegenehmen zum Ziel führt – auch wenn TLI BegleiterInnen reagierten –

so hat es doch letztendlich sein Ziel erreicht. Wollen wir nun, dass Kinder von diesen frühkindlichen Handlungen im Laufe der Zeit zur Sprache übergehen, dann ist es sinnvoll, die natürliche Entwicklung passieren zu lassen. Je mehr Entfaltung passiert, desto mehr wird der Reifungsprozess im Kind angeregt. Die Gruppe und vor allem die TLI Begleiterinnen können durch ein sehr liebevolles und achtsames Umgehen mit jedem einzelnen Kind verschiedene Impulse anregen, die es außerhalb der Gruppe nicht erleben würde. Dieses Lernen am Modell kann wiederum im Kind dieselbe Reaktion anregen. Unterstützend helfen TLI BegleiterInnen auch dadurch, dass sie zur richtigen Zeit Impulse setzen, die das Kind anregen, die Sprache zu verwenden. Es bedeutet auch, dass TLI BegleiterInnen achtsam sind, ob das andere Kind auf das „Angesprochen werden" eine Reaktion zeigt und somit ein positives Erlebnis stattfindet. Positive Erlebnisse dienen als Basis des Lernens. Soziales Verhalten in der von uns erwünschten Form können wir vom Kind nicht erzwingen. Sobald das Gehirn des Kindes in der Lage ist, die sozialen Verhaltensmuster nachzuvollziehen und die eigenen zu verändern, wird es dem Impuls des Erwachsenen automatisch folgen. Es ist aber wesentlich, dass das Kind zu aller Zeit Impulse für neue Verhaltensweisen erhält.

Wenn Kinder in den ersten Lebensjahren gemeinsam in einer Gruppe sind, so wird der Fokus in der Begleitung darauf liegen, dass die Kinder verstehen lernen nicht zu schlagen, zu beißen oder Kinder umzustoßen. etc. Während Erwachsene eher dazu tendieren, diese Regel mit Konsequenzen zu hinterlegen, ist es vor allem wichtig die einzelnen Situationen zu begleiten und somit dem Kind in seinem Prozess des Verstehens zu helfen. Wir können dem Kind Impulse geben und Ideen aufzeigen, wie es die Situation anders lösen kann. Eines Tages, wenn die Gehirnregionen des Kindes, welche für das soziale Verständnis arbeiten, in der Lage sind zu erkennen, dass Stoßen, Schlagen und Beißen keine angenehmen Verhaltensmuster sind, die ein harmonisches Miteinander bewirken, wird es ganz natürlich damit aufhören. Dieser Entwicklungsschritt passiert also nach einer „Regel des Verstehens" und nicht des Erzwingens von Verhaltensmustern.

Die freie Entfaltung zuzulassen bedeutet, dass der Erwachsene versteht, warum das Kind jetzt so agiert und dass der Erwachsene die

Einhaltung der Regel zwar einfordert, aber nicht in ein für das Kind unverständliches, böses, aggressives Verhalten ausbricht, wenn die Handlungen wiederholt gesetzt werden. Es ist seinem Alter entsprechend. Es wäre unlogisch von einem 3jährigen Kind das Verhalten eines 5 jährigen Kindes zu erwarten? Das Kind macht es sich nicht zur Aufgabe den Erwachsenen zu ärgern sondern zu lernen. Es ist seine Natur, die es einfach so handeln lässt. Erwachsene sollen sich daher auch in der Gruppe überlegen, wie sie solche Handlungen gut und ruhig lösen und wie sie auch alle Kinder dabei unterstützen können, solche Handlungen zu vermeiden. Nochmals sei gesagt, dass in altersgemischten Gruppen viele dieser Konflikte sich erst gar nicht häufen.

Es ist nicht unsere Absicht hier auf Kinder mit besonderen Verhaltensweisen einzugehen. Das Thema wollen wir Psychologen und anderen Experten überlassen. Und doch ist es die Idee durch die *TLI Pedagogics* weniger Kinder mit außergewöhnlichen und besorgniserregenden Verhaltensmustern in Gruppen zu finden. Das beinhaltet auch, dass diese Idee von verständnisvollen Eltern mitgetragen und mitgelebt werden soll. Viel auffälliges Verhalten der Kinder entsteht durch die ständige Einschränkung des Interesses des Kindes sich frei zu entfalten und die andauernde Unterbrechung in seinem natürlichen Rhythmus. Reduzieren wir diese Aspekte, wird sofort mehr Harmonie in der Gruppe sein.

„*Frei*" bedeutet dem Kind immer wieder Zeiten zu geben, wo nichts vorgegeben ist. Das Entwicklungsinteresse des Kindes wird dort liegen, wo Entfaltung und Entwicklung gerade passiert. Deshalb ist es wichtig, dass wir Platz und Zeit für freies Wachsen lassen. Dies wird in einer Gruppe dann möglich sein, wenn Regeln und Grenzen bekannt sind und von den Kindern eingehalten werden können. Ordnung und Struktur bleiben bestehen, auch wenn das Kind vollkommen freie Aktivitäten ausübt. TLI BegleiterInnen sind gefordert, auf die Einhaltung von Grenzen und Regeln zu achten. Das kann eine sehr intensive Zeit für diese sein. Ob es nun Balance im Angebot braucht, ist keine persönliche Entscheidung der TLI BegleiterIn, sondern ein Ergebnis aus der wahrnehmenden Beobachtung. Sehr junge Kinder sind noch sehr gut mit sich selbst verbunden. Daher ist die Herstellung von Balance im Angebot durch die TLI BegleiterIn selten notwendig. Wenn ein Kind sich stundenlang mit einem Objekt des Interesses beschäftigen möchte, so soll es möglich sein. Gerade wenn ein Kind sich wochenlang nur mit einer Hauptaktivität beschäftigt, werden pädagogische Fachkräfte hellhörig und oft nervös. Das Kind lernt ja nichts oder zu wenig, höre ich dann oft. Wirklich? Kann es wirklich sein, dass ein Kind sich für etwas begeistert, dass keine Lernerfahrung bietet? Nehmen wir als Beispiel den Zug. Manche Kinder spielen sehr gerne während der freien Aktivität mit der Holzeisenbahn. Aus meiner Sicht bietet es gar kein Problem, wenn ein Kind wochenlang diese Hauptaktivität wählt. Wir brauchen hier keine Bedenken äußern. Ganz natürlich wird das Kind sich mit dem beschäftigen, was es jetzt gerade braucht. Es wird sich die Angebote nach seiner momentanen Lebens-Lern-Aufgabe wählen. Dabei denkt das Kind nicht: „Was soll ich jetzt lernen, um eine ‚normale' balancierte Entwicklung zu haben?" Der Lernimpuls wird sehr spontan von jenem Anteil gegeben, der in diesem Moment bereit zur Entfaltung ist. Wir erkennen an, dass Kinder nicht in einen Raster eingeordnet werden sollen. Wir glauben auch nicht, dass das Kind ein Defizit erfahren wird, wenn es sich mit gewissen Materialien nicht beschäftigt. Wenn spielen, sich entwickeln und lernen einmal ganz anders betrachtet wird, so erkennen wir schnell, warum hier keinerlei Handlungsbedarf besteht.

Bleiben wir einfach einmal beim Zug. Was kann ein Kind mit einem Zug erleben, erfahren, lernen und welche Entwicklungsschritte könnten hier passieren? Die Schienen: es gibt gerade, gerundete, eingleisige, zweigleisige, lange und kurze Schienen. Mathematisches Verständnis, Geometrie und Wahrnehmung sowie Einschätzung von Raum und Fläche wird hier massiv gefördert, wenn das Kind die Schienen zusammenbaut. Feinmotorik wird angeregt, denn die Schienen müssen in kleine Öffnungen miteinander verankert werden und oftmals ist dies auch so beim Zug selbst, wenn die Waggons angehängt werden. Das Kind baut vielleicht sogar eine Landschaft. Es stellt Bäume auf. Oftmals verwendet es Bäume die verschiedene Grünnuancen aufweisen. Dann gibt es welche, die einen braunen Stamm haben. Obstbäume unterscheiden sich von Nadelbäumen und diese wiederum von Büschen, Sträuchern und bunten Blumen. Farben werden vom Kind ganz nebenbei bemerkt und erkannt. Tunnels, Brücken, Teiche, Häuser, Kirchen und anderes Material wird dem

Kind eine Fülle von Erfahrungen bieten, was es da alles gibt. Es beschäftigt sich mit all jenen Dingen, die in der täglichen Welt real existieren.

Unser Denken darf sich erweitern und wieder zur natürlichen Entwicklung ausrichten. Welches Material *(Zug und Landschaft)* wir den Kindern zur Verfügung stellen, wird einen Einfluss auf die verschiedenen Ebenen der Entwicklung legen und dennoch wird das Kind frei sein Material auszuwählen. Um Spiel, Entwicklung, Lernen auf natürliche und freie Weise geschehen zu lassen, sind TLI BegleiterInnen gefordert, selbst Spielmaterial vollkommen anders zu betrachten. So kann der Erwachsene ein Material betrachten und sich überlegen, welche Spielimpulse ihm selbst dazu in den Sinn kommen, oder er kann auf Grund der wahrnehmenden Beobachtung erkennen, welches Material dem Entwicklungsinteresse des Kindes jetzt entspricht. Das Kind wird seine eigenen Ideen haben – so ist das in der freien Aktivität.

Wichtig ist, dass alles Material so real wie möglich ist. Überall dort, wo man die Gegenstände des Alltags einsetzen kann, soll dies auch geschehen. Warum sollten Kinder mit Plastiktöpfen oder Wasserleitungen ohne echtes Wasser spielen? Wenn wir das Spiel in das realitätsnahe Gelände bringen, so wird die Begeisterung eine tiefere Entfaltung ermöglichen ... und natürlich dürfen wir Impulse geben, wenn dies als notwendig erscheint oder wenn die Kinder keine eigenen Ideen mehr haben. So wird das Kind mehr Freude am Mischen des Salates in der Salatschüssel haben, als am Spiel in einem künstlich geschaffenen Küchenbereich. Der Tag in der TLI Gruppe ist angefüllt mit realen Erlebniswelten und Landschaften.

Jeder Moment ist ein besonderer Moment der Entwicklung, des Erfahrens, Erlebens, des Lernens und Spielens. Das geschieht ganz natürlich! Im Spiel ist es wichtig, dass die TLI BegleiterIn die Perspektive des Kindes einnimmt. Dabei soll das Kind niemals mit anderen Kindern verglichen werden. Es soll als einzigartiges Lebewesen die Chance erhalten, jenen Impuls gesetzt zu bekommen, den es jetzt in diesem Moment braucht. Wahlmöglichkeiten sollen vorhanden sein und geben Information über die Ausrichtung des momentanen Interesses des Kindes.

Fassen wir zusammen:

- Vollkommene Entfaltung ist eine Transformation, die aus dem Innen geschehen muss.
- Kinder sollen die Chance haben, sich in ihrem individuellen Tempo zu entwickeln.
- Angebote und Impulse sollen nur dann eingesetzt werden, wenn kein natürlicher Entwicklungsimpuls stattfindet.
- Kinder in den ersten Lebensjahren sind keine Teamplayer.
- Ob es Balance im Angebot braucht, erfahren wir durch die wahrnehmende Beobachtung.
- Lernimpulse werden ganz spontan von jenem inneren Impuls ausgelöst, wo jetzt Bereitschaft zur Entfaltung besteht
- Das Entwicklungsinteresse des Kindes wird dort liegen, wo Entfaltung und Entwicklung gerade passiert.
- Jeder Moment ist ein besonderer Moment der Entwicklung.

KAPITEL 12
EINGEWÖHNUNG VON KINDERN IN GRUPPEN

Hier wollen wir die Eingewöhnung nur ganz kurz im Rahmen der *TLI Pedagogics* beschreiben. Bevor wir uns aber diesem Inhalt widmen, ist es mir wichtig das Thema „Bindung" und „Bindungsverhalten" kurz anzusprechen und somit Einblick in den wichtigsten Teil der Eingewöhnung zu geben. Hierzu möchte ich mich am „Kreis der Sicherheit", der aus der Bindungstheorie kommt orientieren. So ist heute bekannt, dass Babys und junge Kindern ein gesundes Bindungsverhalten aufbauen können, wenn Primärbezugspersonen (*oder die ständig vorhandenen Sekundärbezugspersonen*) eine „sichere Basis" bieten. Aus dieser sicheren Basis heraus macht sich das Kind auf den Weg die Welt zu entdecken *(explorieren)*. Eltern sollen dieses Verhalten unterstützen und gut heißen, aber auch achtsam beobachtend, wenn notwendig helfend zur Seite stehen. Ermutigung spielt hier ebenfalls eine große Rolle. Wenn das Kind in eine Situation gerät, in der es sich unsicher fühlt, wendet es sich den Primärbezugspersonen zu und möchte in deren Armen den sogenannten „sicheren Hafen" finden. Ist es stabilisiert, so macht es sich auf den Weg zur nächsten Entdeckungsreise. In diesem sich ständig wiederholendem Kreislauf wird die Bindungsfähigkeit des Kindes entwickelt und gestärkt. Je nach Verhalten der Erwachsenen lernt das Kind auf die wichtigsten Personen zu vertrauen oder eben nicht. Kommt ein Kind in die Eingewöhnung, so ist es wichtig für die TLI BegleiterInnen gut zu beobachten, welche Form von Bindungsfähigkeit das Kind bereits entwickelt hat. Da gerade in den ersten 18 Monaten das Bindungsverhalten eines Menschen entwickelt wird, ist eine Eingewöhnung in diesem Zeitraum sehr achtsam und sorgsam zu gestalten. Generell würden wir empfehlen erst nach dem 18. Lebensmonat ein Kind in einer Gruppe mit einer neuen Bezugsperson zu integrieren. Ist dies aus irgendwelchen Gründen nicht möglich, so braucht es gut geschulte und achtsame BegleiterInnen, um diesen Schritt sanft und liebevoll zu gestalten. Zeit ist hier ein wesentlich wichtiger Faktor. Die Primärzbezugsperson lange Zeit in der Gruppe zu erlauben ist ebenfalls ein wichtiger Faktor.

Zum Thema Eingewöhnung ist im Jahr 2013 ein Buch mit dem Titel: „*Tatsächlich – der 1. Tag ist da!*" entstanden und auf Amazon erhältlich.

Hier ein Auszug aus dem Buch Seite 15: *„Unter Eingewöhnung verstehe ich, Kinder, die an einen ihnen fremden Betreuungsort kommen, die Möglichkeit des sanften Ankommens und sich „Daran Gewöhnens" zu ermöglichen. Es bedeutet auch, Zeit zu planen, in der Kinder spezielle Unterstützung und Zuwendung erhalten – anders als zu allen anderen Zeiten. Weiters bedeutet es, Kinder in all ihrem Sein und in der Begegnung einer neuen Herausforderung, vollkommen ernst zu nehmen. Sehr junge Kinder sehen, nehmen wahr, speichern und leben das ihnen Vorgezeigte nach! Wollen wir nun einen ganz bewussten Impuls für Kinder setzen, dann ist es wichtig, dass wir diese Phase gut und sicher begleiten!"*

Dazu wollen wir die Kinder abholen und so annehmen und akzeptieren wie sie sind. Das Kind soll seinen natürlichen Biorhythmus aufrecht erhalten dürfen und in der Gruppe weiterleben können. Dabei ist es wichtig, dass wir uns daran erinnern, dass Kinder in den ersten Lebensjahren nicht Teil der Gruppe werden sondern innerhalb der Gruppe als Individuum stark bestehen bleiben. Sie sollen daher nach ihrem natürlichen Entwicklungsimpuls in die Gruppe hineinwachsen dürfen. Um dies zu ermöglichen, empfehle ich, immer nur maximal ein bis zwei neue Kinder zum gleichen Zeitpunkt anwesend zu haben *(je nach Anzahl der Erwachsenen, die begleiten können)*. Diese können dann die volle Aufmerksamkeit von der TLI BegleiterIn haben und diese wiederum hat ausreichend Zeit sich voll und ganz auf die neukommenden, kleinen Gäste einzulassen.

Natürlich ist das Beisein der Primärbezugsperson (Mutter/Vater) in den ersten Tagen oder sogar Wochen unabdingbar notwendig. Kinder sollen einen sanften und bewussten Übergang von Primär- zu Sekundärbeziehungen erleben können. Eltern sollen sich viel Zeit nehmen, um mit den Kindern diesen neuen Platz voll und ganz zu erforschen. Es ist eine große Herausforderung für das noch sehr junge Kind sich einer ihm vollkommen fremden Person anzuvertrauen. Wir können nicht erwarten, dass das Kind eine starke und stabile Verbindung zu einer ihm vollkommen fremden Person aufbaut. Es ist daher die Empfehlung noch einen Schritt weiter zu gehen, als wir ihn bereits im Buch *„Tatsächlich – der 1. Tag ist da!* „angedacht haben. In den TLI Gruppen motivieren wir Eltern schon vor dem offiziellen Beginn der Tagesbetreuung regelmäßig 30 Minuten bis zu einer Stunde mit dem Kind zu Besuch zu kommen. Das kann ruhig über einen Zeitraum von mehreren Monaten stattfinden. Dazu nutzen wir sehr oft das Modell der TLI Spielegruppen. In Kontakt kommen und einfach viele Aspekte der neuen zweiten „Heimat" des Kindes kennen zu lernen sind sehr wichtige Schritte, die ein langsames und natürliches Hineinwachsen ermöglichen.

Wenn Eltern das erste Mal weggehen soll gemeinsam mit ihnen sehr gut überlegt sein. Die Zeiten sollen sehr kurz gewählt werden und vor dem ersten Mal des Weggehens soll das Kind bereit klar zeigen, dass es allein mit der neuen Bezugsperson bleiben kann. Dazu werden sanft uns schrittweise Ablösungsprozesse gesetzt. Die Mutter-Kind oder Vater-Kind Beziehung muss dabei achtsam beobachtet werden. Gemeinsam mit den Eltern vereinbaren wir in der ersten Woche des Weggehens keine längere Anwesenheit als 30 Minuten. Ein Erstgespräch mit den Eltern schon vor dem Beginn der Tagesbetreuung hilft dabei, dass wir alle den enormen Stress den Kinder haben, wenn es zu schnellen oder unverstandenen Veränderungen kommt, verstehen. Es braucht Zeit Eindrücke zu verarbeiten und wirken zu lassen. Diese Zeit soll jedes Kind haben.

Es ist verständlich, dass Eltern sehr oft die Eingewöhnungszeit kurz halten möchten, weil sie aus verschiedenen Gründen - meist Arbeit - nur wenige Tage Zeit haben. Wir werden diesem Impuls aber nicht folgen, denn somit wäre unsere Tätigkeit ausschließlich elterngerecht aber sicherlich nicht Kind-bewusst ausgerichtet. Es braucht rechtzeitige Eingewöhnung und nicht schnelle. Die Frage, die wir uns gemeinsam mit den Eltern stellen ist, „Was braucht dieses ganz spezielle Kind!" Hier unterscheidet sich auch jedes Kind vom anderen. Das Ziel einer guten Eingewöhnung ist es, ein sanftes Einsteigen zu ermöglichen und ein harmonisches Miteinander für alle zu schaffen.

Wir planen gemeinsam mit den Eltern die ersten Monate in der TLI Gruppe. Müssen Eltern wirklich schon arbeiten gehen, so sollen sie Unterstützung von Großeltern oder anderen dem Kind vertrauten Bezugspersonen anfragen. Der wichtige Teil ist, dass das Kind nur kurz in der fremden Umgebung verweilt und ausreichend Zeit hat sich darauf einzustellen. Das Kind soll gerade zu Beginn so schnell wie möglich in seine gewohnte, ihm vertraute Umgebung (*nach Hause*) zurückkehren können, auch wenn die Primärbezugsperson vielleicht noch nicht da ist und Oma oder Opa mit dem Kind nach Hause gehen. Wir dürfen uns hier wirklich bewusst machen, was das Kind braucht, und das kann sich von den Interessen der Eltern, aber auch von den Interessen der pädagogischen Fachkräfte, der Bildungsleitfäden einer Organisation, den wirtschaftlichen Ansprüchen etc. unterscheiden. Der Rahmen, welcher für die ersten Monate erstellt wird, soll bei Kindern bis drei Jahren 15 Stunden pro Woche nur dann übersteigen, wenn das Kind eindeutige Impulse an Eltern und TLI BegleiterInnen gibt, dass dies in Ordnung ist. Das Ausdehnen der Zeit innerhalb dieser Monate soll langsam erfolgen.

Wir bauen Eingewöhnung in Phasen auf, die je nach Kind unterschiedlich lange andauern:

Phase 1: Bewusste, liebevolle und schrittweise Einführung in die neue Umgebung.
- Gemeinsam mit den Eltern erlebt das Kind die neue, ihm fremde Umgebung. Dabei ist es wichtig, dass der Elternteil mit dem Kind die Gruppe, die Materialien, die Kinder, den Tagesablauf sehr genau kennenlern. Die TLI BegleiterInnen sind hier im Hintergrund.
- Erst nach den ersten Tagen zieht sich Mutter/Vater langsam auf einen beobachtenden Platz in der Gruppe zurück und die TLI BegleiterIn, die dieses Kind jetzt in der Gruppe speziell begleiten wird, tritt in den Vordergrund.

Phase 2: Loslassen von Mutter/Vater – das erste Weggehen.
- Fühlt das Kind sich sicher, so zieht sich Mutter/Vater aus der Gruppe zurück (geht aufs Klo, sitzt in der Garderobe, hat einen Platz in einem anderen Raum, etc.)
- Wenn das Kind sich innerhalb der Gruppe ohne Beisein von Mutter/Vater wohl fühlt und sich auf die TLI BegleiterIn eingestimmt hat, starten wir mit einem kurzen Weggehen.
- Wir beginnen mit 5 Minuten. Je nachdem wie das Kind darauf reagiert, kann es mehrmals an einem Tag geschehen, dass Mutter/Vater kurz das Haus verlassen, sich verabschieden und wiederkommen. Viele positive Erlebnisse spielen hier eine wichtige Rolle. Die kurzen Abstände helfen dem Kind auch dabei schneller zu erinnern, dass Mutter/Vater wiederkommen und das Vertrauen in das Wiederkommen zu erhal-

ten. Das Weggehen soll nicht erfolgen, wenn das Kind noch sehr viel Aufmerksamkeit von der Primärbezugsperson braucht.
- Fühlt das Kind sich in der Umgebung und bei der TLI BegleiterIn sicher, dann dehnen wir die Phase des Wegbleibens aus. (10 min, 20 min, 30 min, 40 min, 1 Stunde).
- Bei älteren Kindern ab 3 Jahren kann es auch ein wenig schneller gehen (20 min, 40 min, 1 Stunde, 1,5 Stunden).
- Der Abschied kann und darf auch einmal schwer fallen, aber ... Mutter/Vater kommen bald wieder. Dabei ist wichtig, dass ein Eingewöhnungskind sich sehr schnell beruhigt. Tränen beim „Baba" sollen kurz sein und nicht über Minuten anhalten. TLI BegleiterInnen achten darauf, das Wort „bald" zu verwenden. Um dem Kind die Wahrnehmung des „bald" zu ermöglichen, soll die Zeitspanne am Anfang wirklich kurz sein. Das Kind kann lange Zeiten noch nicht erfassen. Die wichtige Aufgabe in Phase 2 ist das Kommen und Gehen sowie das Vertrauen abgeholt zu werden zu verstehen.

Phase 3: Neuorientierung und Vertrauen zu den Betreuungspersonen finden.
- Das Kind beginnt sich langsam auf die TLI BegleiterIn zu verlassen. Das ist die wichtigste Phase. Es hat eine erste Beziehung aufgebaut.
- Hier soll Intensives „in Beziehung" gehen und viel Begegnung passieren.
- Die TLI BegleiterIn baut hier die Basis einer guten und stabilen Beziehung zum Kind.
- Es ist wichtig, dass das Kind Vertrauen fassen kann und auf die TLI BegleiterIn zählen kann.
- Ein Wechsel der Bezugsperson ist in diesem Zeitrahmen überhaupt nicht empfehlenswert. Die Verantwortung der Bindungsfähigkeit des Kindes liegt hier zum Teil in der Hand der TLI BegleiterInnen.

Phase 4: Stabilisieren und Festigen des Vertrauens!
- Das, was in Phase 3 begonnen wurde, wird weiter geschehen.
- Die Länge des Aufenthalts wird hier nicht ausgedehnt, son-

dern stabilisiert. Wir sind nun bei zirka 1 bis 1.5 Stunden Gesamtlänge angekommen.
- Wir bauen eine Beziehung aus klarer, reiner Energie auf.
- Das Kind braucht wiederholt die Erfahrung, dass es sich auf die neue vertraute Person verlassen kann.
- Hier in der Stabilisierungsphase festigt sich das neugewonnene Vertrauen, dass Mutter/Vater es sicher wieder abholen. Für diesen Schritt wollen wir uns ausreichend Zeit nehmen.

Phase 5: Ausdehnen des Rahmens und Stabilisierung.
- Jetzt verlängern wir die Zeit weiter. Hat das Kind die vier Phasen durchschritten, so kann es sich in der Umgebung gut orientieren, vertraut der neuen Bezugsperson und kann sich mit Freude auf das noch etwas Neue einlassen.
- TLI BegleiterInnen wissen genau welcher Zeitrahmen möglich sind, denn sie beobachten das Kind in der Gruppe und erfragen die Reaktionen zu Hause. Die Frage nach dem Bindungsverhalten zu den Primärbezugspersonen ist eine sehr wichtige in der gesamten Eingewöhnung.
- Diese Achtsamkeit verbunden mit Information macht Kindbewusstes Agieren möglich.

Phase 6: Übergang zum Rasten und Nachmittagsprogramm.
- Hier wird die Zeit nun auf die geplante Gesamtzeit ausgedehnt.
- Achtung!!! Wir empfehlen grundsätzlich für Kinder bis 3 ½ Jahren nicht länger als maximal 25 Stunden pro Woche in der Einrichtung zu verbringen.
- Wenn wir darauf achten, dem Kind in den ersten ein bis zwei Monate die Zeit zu geben, die es braucht und danach die Zeiten nicht übermäßig auszudehnen, dann vermeiden wir Stress, sowie Spannung beim Kind.

Die Eingewöhnung ist dann gelungen, wenn das Kind sich in der Gruppe vollkommen stabilisert, es Freude am Sein in der Gruppe und sich in das Geschehen integriert hat. Dann, wenn keine kurzen Weinphasen den Alltag unterbrechen und es die Sekundärpersonen voll und ganz akzeptiert hat, dann ist die Eingewöhnung als beendet anzusehen. Das kann sehr unterschiedlich sein. Manche Kinder brauchen dazu Monate. Eingewöhnung kann daher nicht nur schrittweise, sondern muss vor allem sanft erfolgen. Eingewöhnung wird zu einem langsamen Hineingleiten. In den TLI Gruppe wird dieses „sanfte Hineingleiten" auch durch einen sehr langsamen Einstieg ermöglicht. So bietet jede TLI Gruppe schon vor Beginn der Eingewöhnungszeit die Möglichkeit, dass Kinder in der Spielegruppe einmal wöchentlich gemeinsam mit einer nahen Bezugsperson die Gruppe kennenlernen. Dies kann schon ein Jahr oder mehrere Monate vor Einstieg in die Gruppe erfolgen. Wird das Kind von einer Tagesmutter oder Nanny begleitet, dann soll ebenfalls die Eingewöhnungszeit passieren.

Fassen wir zusammen:

- Je nach vorhandenem Personal sollen maximal ein bis zwei neue Kinder zur gleichen Zeit anwesend.
- Wir starten gemeinsam mit der Primärbezugsperson.
- Wir wählen eine langsame Eingewöhnung, in dem sich das Kind gut an alles gewöhnen kann *(die Phasen)*.
- Eine sehr reine Beziehung soll zwischen TLI BegleiterIn und Kind aufgebaut werden. *(die Begegnung)*.
- Wir orientieren uns am Kind. Das „Kind-bewusste Agieren" soll den Wünschen der Eltern vorgezogen werden.

Die Begleitung von Kindern in den frühen Lebensjahren

KAPITEL 13
KRAFT UND ENERGIE ERHALTEN

Jetzt kommen wir an einen sehr speziellen Punkt. Du wirst wohl im Laufe des Lesens dieses Buches erkannt haben, dass vieles sehr einfach ist, aber viel Kraft und Energie, sowie die Bereitschaft zur Persönlichkeitsentwicklung von den begleitenden Menschen braucht. Kraft und Energie ist im Sein mit Kindern ein wesentlicher Aspekt. Die Frage wie viel Kraft und Energie wir zur Verfügung haben, um geduldig, liebevoll, wiederholend, bedacht, nährend, unterstützend, begleitend, beobachtend, bewusst u.v.m bleiben zu können, ist eine Kernfrage, die wesentlich unser Handeln bestimmen wird. Ob ausreichend Kraft da ist oder nicht, beeinflusst unsere Stimmung und Reaktionen zum Kind.

Woher nehmen wir diese Kraft?

Darüber soll jede TLI BegleiterIn nachdenken und dies reflektieren. Als einen Aspekt wollen wir uns im Vorfeld sehr genau überlegen, welches Stundenausmaß eine TLI BegleiterIn annehmen kann. Hier wird es individuelle Unterschiede geben, denn auch als Erwachsene sind wir sehr unterschiedlich in unseren Lebensqualitäten. Bevor du aber entscheidest in einer TLI Gruppe zu arbeiten, überlege dir sehr gut, wie viel Stunden du in der Lage bist, diese Form der Begleitung Kindern zur Verfügung zu stellen.

Begeisterung ist auch bei Erwachsenen immer noch eine Schlüsselqualifikation für die gute und liebevolle Begleitung. Wieviel Freude und Liebe zu dem, was du tust du mitbringst wird eine Energiequalität oder sogar eine Kraftquelle darstellen. Die Liebe zur Sache, zum Moment, zum Kind, zum Wachstum und der freien Entwicklung des Kindes sind kraftspendende Eigenschaften. Das Tun, mit der ausschließlichen Absicht diese Tätigkeit als finanzielle Absicherung oder Einnahmequelle für den eigenen Lebensunterhalt zu sehen, kann für einen Menschen energieraubend sein.

Auch jene, die als Basis diese Liebe und Freude mitbringen, fühlen sich oftmals ausgelaugt, müde, erschöpft und wenig zentriert, denn es ist anstrengend mit all seinem Bewusstsein und auf allen Ebenen präsent zu agieren. Die Frage der Zusammenarbeit im Team, die Offenheit und Unterstützung von Seiten der Eltern sowie die Zusammenarbeit mit BetreiberIn/LeiterIn wird die Energiequalität im Beruf entscheiden. Eine gute Auswahl des Arbeitsplatzes hängt daher auch mit der guten Auswahl des richtigen Platzes zusammen. In *TLI Pedagogics* empfehle ich immer danach zu streben jenen Platz zu finden, der die eigene Entfaltung möglich macht. Dort, wo wir selbst wachsen können, werden wir unsere Fähigkeiten und Fertigkeiten voll zur Entfaltung bringen sowie mit Kraft und Freude an die Tätigkeit heran schreiten. Es braucht ein gutes Team und eine gute Führung um ein balanciertes Ganzes zu schaffen.

Wie du deine Freizeit verbringst wird ebenfalls einen Einfluss auf deine tägliche Arbeit haben. Ich empfehle daher eine gesunde und balancierte Lebensweise zu wählen. Schau auf dich ☺. Du bist wichtig. Eine meiner MentorInnen liebte es zu sagen, „Was kann ein Bettler geben? Mache dich selbst zum König!" Genieße dein Leben und erschaffe ein Umfeld, dass deine Gesundheit unterstützt. Natürliche Bewegung oder Sport, gesunde und balancierte Ernährung hilft den physischen Körper in Balance zu halten. Du kannst auch energetische (Kampf)Sportarten oder Ausgleichsübungen wie Chi Gong, Tai Chi, Kung-fu, und andere lernen. Vielleicht ist es ja Tanzen, dass dir Spaß bereitet und deine Energiereserven auftankt.

Achte auf balancierte, vitaminreiche Ernährung. Gerade sehr junge Kinder bringen viele virale und bakterielle Erkrankungen mit. Da wir oft so nahe am Kind sind, ist unser Immunsystem regelmäßig damit beschäftigt, diese Viren und Bakterien abzuwehren. Durch eine balancierte Ernährung können wir dem Körper die Chance bieten, sich selbständig zu regenerieren.

Sehr oft ignorieren wir Pausen im Alltag. Sie sind aber wichtig und helfen uns auch dabei wieder zu uns zurück zu kommen. Vor allem, nachdem wir die TLI Gruppe verlassen, ist es wichtig eine Pause zu machen. Wir können so alles Geschehene nochmals kurz Revue passieren lassen, unsere Selbstreflexion und die damit verbundenen Entscheidungen treffen und danach wirklich loszulassen um „privat" zu sein. Es ist okay, die Tätigkeit nicht andauernd mit uns herumzutragen. Wir brauchen Pause vom Gruppenleben und nähren uns am

Privatleben.

Ein persönliches Wohlbefinden zu erreichen ist ebenfalls ein Faktor, der uns Kraft gibt. Um Wohlbefinden zu haben, brauchen wir die Erfüllung der Grundbedürfnisse auf der Maslow'schen Pyramide. Je höher wir auf dieser schreiten, desto mehr wird unser Wohlbefinden steigen. Die Art und Weise wie wir *TLI Pedagogics* betrachten, wird sich stark verändern, wenn unsere eigenen Bedürfnisse erfüllt und wir nicht vom Mangel umgeben sind. TLI BegleiterInnen dürfen zu starken Persönlichkeiten mit einem guten Selbstwert und hoher sozialer Achtsamkeit heranwachsen. Je ganzheitlicher wir als Mensch werden, desto besser wird unsere Selbstreflexion, unsere Teamfähigkeit und unser Verständnis zum Kind. Coaching, Mediation, Supervision *(Einzel oder als Gruppe)* können entlasten und etwas Druck und Spannung von den Schultern nehmen.

Atemübungen, Meditation und Yoga können ebenfalls zum Entspannen und Kraft tanken eingesetzt werden. Alle diese Methoden sind heute bekannt dafür viel Kraft, Elan und Energie zur Verfügung zu stellen und unsere Persönlichkeit zu prägen. Gerade in Tätigkeitsfeldern, wo viel „geben" verlangt ist, wird es beinahe unabwendbar, sich auch für die Balance auf allen Ebenen zu interessieren und zu entscheiden.

Verbrauche deine Urlaube nicht nur mit Einzeltagen. Ein langes Wochenende (4 zusammenhängende Tage oder mehr) mehrmals im Jahr frei zu haben und eine Pause von 3-4 Wochen sollen auf jeden Fall passieren. Ein „Tapetenwechsel" ist gut und notwendig!

Das Leben im 21. Jahrhundert verlangt vom Körper der Menschen sehr viel. Wie du vielleicht weißt, habe ich schon in sehr frühen Jahren entschieden auch im Businessbereich tätig zu sein. Lange Tage, unzählige Sitzungen an einem Tag, Unternehmensaufbau, Teamgestaltung und Führungspositionen haben viel von mir verlangt. So bin ich schon sehr früh zu dem Entschluss gekommen, mich auch um meiner selbst zu kümmern. Ich habe begonnen aktiv mit meinem Körper, Geist und meiner Seele zu arbeiten und praktiziere selbst unzählige Methoden zur Entspannung, zum Ausgleich und zum Kraft tanken:

- In den ersten Jahren war es das Joggen und das Autogene Training, die mir viel Hilfe und Unterstützung gegeben haben.
- Das Lesen von Büchern und der Besuch von vielen Workshops zu den Themen Gesundheit, positives Denken und der Zusammenhang zwischen Körper, Geist und Seele (*Ganzheitlichkeit*) haben ebenfalls einen großen Einfluss auf meine Vitalität genommen.
- Dann gönne ich mir immer wieder energetische Anwendungen für das eigene Wohlbefinden
- Ich praktiziere heute verschiedene Techniken aus dem Bereich „Mentale Stärke" zur Reinigung der eigenen Gedankenstruktur
- Einen großen Einfluss hat Meditation zur Praxis von innerer Stille und mehr Licht und Leichtigkeit genommen sowie *The Path to Arhatship* zur Klärung meines Geistes, meiner Emotionen und zur Ausweitung meiner Kraft
- Lange Spaziergänge, Zeit mit meinen Lieben, gute Gespräche sind große Kraftquellen geworden.
- Heute vermeide ich auch oft Energiefresser und negative Personen
- Im Jahr 2000 habe ich mich entschieden vegetarisch zu leben. Manchmal habe ich Zeitperioden, wo ich mich vegan ernähre.

Das ist also meine Liste der Kraftquellen und Instrumente, um gesund und vital zu sein. Deine wird vielleicht ganz anders aussehen. Ich habe in diesen mehr als 20 Jahren viele Menschen in pädagogischen und sozialen Berufen, TherapeutInnen, aber auch TrainerIn in der Erwachsenenbildung kennengelernt. Jene, die viele Jahre in diesen Bereichen wirken, kommen eines Tages zu dem Punkt, wo sie nach Methoden suchen, die ihnen Kraft geben. Egal, wofür du dich entscheidest - immer dann - wenn du Kraft in dir verspürst, dann hast du einen guten Weg gefunden dich aufzutanken.

Viel Erfolg und Gutes Gelingen!
marion hopfgartner

WIE UND WARUM ALLES BEGANN!

Marion Hopfgartner richtet ihr Angebot an PädagogInnen, BetreuerInnen, AssistentInnen, Tageseltern, aber auch an Eltern, die an neuen und vor allem am Kind orientieren Begleitmodellen durch die ersten Lebensjahre interessiert sind. Sie begleitet auch jene Menschen, die TLI Gruppen starten wollen, die Kinder anders betreuen wollen und alternativen zu den herkömmlichen Betreuungsmodellen weltweit suchen. Bildung ist wohl einer der Brennpunkte und ein heiß umstrittenes Thema unserer Gesellschaft.

„Fremd"-Betreuung, vor allem von Kindern im Alter zwischen 1-3 Jahren, ist bis heute eine große Herausforderung. Modelle gibt es wenige. Forschungsergebnisse sind da, umfassen aber noch nicht alle Faktoren. Wollen wir die Idee von Marion Hopfgartner in einem kurzen Statement zusammenfassen, so würden wir wohl folgende Worte wählen:

„Eine unendliche Portion an Liebe, Achtsamkeit und Klarheit sind die Hauptzutaten für das, was Marion Hopfgartner als positives Begleitmodell sieht."

Wie alles begann!

Eigentlich begann alles mit der Geburt. Das erste große Lernfeld „Familie" bietet uns allen viele Lernmöglichkeiten. Der Lebensweg jeder Person ist das ganz spezielles Lernfeld. In diesem entfalten wir uns und machen unsere ersten Lern- und Lebenserfahrungen. Somit ist es wohl letztendlich an uns, tiefe Dankbarkeit für alle Chancen, Hindernisse, Herausforderungen und Lebenserfahrungen des Lebens zu haben. In meinem Fall waren es genau die Richtigen, um heute in der Lage zu sein, dieses Buch zu veröffentlichen. Damals – direkt nach meiner Matura- und dem Diplomabschluss war ich mit der Situation konfrontiert, als Leiterin einer Kinderkrippe, nicht nur ein zweigruppiges Haus organisatorisch, pädagogisch und finanziell zu leiten - sondern mich auch intensiv mit dem Thema frühkindlicher Fremdbetreuung auseinander setzen zu müssen. Die Ausbildung in Österreich in den Jahren 1992 – 1997 war kaum auf Kinder der Altersgruppe 1-3 Jahre ausgerichtet. Was mir bereits nach einem halben Jahr klar wurde:

„So – wie ich es „erlernt hatte" - funktioniert es nicht!"
Korrekter ausgedrückt – „... fühlt es sich nicht gut an!"

Innere Aufregung, Unruhe, Ärger, Ungeduld, das Gefühl nach einem langen Tag mit den Kindern erschöpft zu sein, haben mir klar gemacht, dass etwas nicht optimal läuft ... aber wie es funktionieren kann, wie es sich gut anfühlt, konnte ich nicht erkennen. So geschah es also, dass ich bereits 1998 andere Wege suchte. Mein erster Vortrag führte mich zu Jan Uwe Rogge, den ich bis heute hoch schätzte. Dieser Vortrag fand Ende der 90er Jahre in einem kleinen Ort (Straßhof/Deutsch-Wagram) statt. Rogges Klarheit im Ausdruck, sowie seine jahrzehntelange praktische Erfahrung ist eine unbezahlbare Unterstützung für Eltern und PädagogInnen im heutigen Umfeld mit Kindern.

Viele Bücher, Vorträge, sowie Weiterbildungen folgten. Was zu erwähnen ist, Vortragende und Literatur zu dieser Altersgruppe gab es damals wenig. In der Forschung nach der Antwort auf das *„Wie"* geschah etwas sehr Faszinierendes: Je mehr die Frage des *„Wie fühlt es sich gut an"* aufkam, desto mehr wurde ich auf meine eigene Person zurückgeworfen und die Kinder, die mich umgaben. Ich fand die ersten wissenschaftlichen Berichte, die der Krippenbetreuung ein Armutszeugnis aussprachen und viele schienen meine Idee – so geht es nicht – zu teilen. In diesen vielen Studien war es mir auch möglich, mehr und mehr Basiswissen zu erwerben, dass mir dann wiederum half, Methoden zu verändern und anzupassen.

In meinem Berufsfeld als Leiterin, Pädagogin und später dann Personalvertreterin für ein Unternehmen von 1400 MitarbeiterInnen nutzte ich zuerst Tools wie Coaching und Supervision, um Klarheit bei Elterngesprächen und Teamkonflikten zu bekommen.

Immer öfter kam ich zu dem Rückschluss, dass die eigene innere Balance einen wesentlichen Einfluss auf die äußere Balance in der Gruppe, in der Arbeit mit dem Team – aber auch mit den Eltern hat. Im Jahr 2000 geschah dann noch etwas Faszinierendes: Ich kam in Berührung mit Yoga, mit Techniken für Mentale Stärke und anderen Konzepten, die auf die Persönlichkeitsentwicklung intensiv wirkten. Alle meine Mentoren – bis zum heutigen Tag – legen vor allem Wert auf die Verfeinerung und Reifung der eigenen Emotionen und des Denkens, sowie der Erhöhung der Inneren Stärke, Inneren Ruhe und der Ausstrahlung. Es wurde mir immer mehr bewusst, wie viele Fähigkeiten in einem Menschen liegen und wie wenige davon wir wirklich nutzen. Ja, eigentlich ist es so, dass wir die meisten davon gar nicht kennen. Andere Rahmenbedingungen sind notwendig, um diese zu entfalten. Wir sind uns dessen als Erwachsene gar nicht mehr bewusst. Warum eigentlich? Erziehung und Bildung spielen dabei eine große Rolle. Diese Erkenntnis wuchs vor allem durch Selbstreflexion, durch Studium von Büchern, durch die Beschäftigung mit Neurowissenschaftlichen Ergebnissen und durch das Beobachten von Kindern. Säuglinge haben mehr Gehirnneuronen als Erwachsene – wusstest du das? Für mich war das ein unfassbares neues Wissen.

Diese aktive Praxis und die unzähligen Reisen als Trainerin, bei welchen ich immer intensiven Kontakt mit Menschen und Bildungsmodellen verschiedener Kulturen suchte, haben das geistige Bild nun „rund" gemacht. Die „Final Decision" dieses Buch nun zu konkretisieren hat ein spannender Vortrag mit Andre Stern in Hallein im April des Jahres 2014 ausgelöst. Andrè ist nicht nur eine fantastische Persönlichkeit, sondern auch eine wunderbare „Lebensgeschichte" in sich selbst. Bereits am 6. Dezember 2013 beim Vortrag mit Andrè, den eine liebe Wegbegleiterin Ernestine Loos im Namen von Lelek und in Kooperation mit mir organisiert hat, kam die Frage von einem

Zuhörer das erste Mal. Als sie jedoch in Hallein wiederholt wurde, begann ein Prozess, der nicht mehr zu stoppen war.

Die Frage eines Lehrers lautete: „Herr Stern, wie wende ich das, was Sie uns hier erzählen, praktisch in meiner Klasse an?" Das hat einen Schalter in mir umgelegt hat in meinem Kopf ein „Klick" verursacht, der genau diese Niederschrift bewirkte.

Meine Workshops beschäftigen sich neben dem Bereich der *TLI Pedagogics* auch mit Leadership, positives Denkens und der Entfaltung der Fähigkeiten in Jugendlichen und Erwachsenen. Ziel ist es, Menschen die Chance zu geben, ihr Potenzial zu entwickeln.

Ich habe meine Antwort darauf gefunden, warum sich die Betreuungsformen, die ich ursprünglich kannte, nicht gut anfühlten, und teile diese Ideen und Ansichten in *The Lelek-Idea* mit. Bist du bereit neue Ideen zu akzeptieren und auszuprobieren? Erlaube dir einfach gewissen Impulse aus diesem Buch zu nehmen und in deine Arbeit einzubringen. Überprüfe, was davon sich gut anfühlt, eine positive Wirkung hat und evaluiert werden kann. Übernimm nur das, was für dich passt. Dieses System wendet sich einem neuen Aspekt zu. Es ist der Aspekt des TLI Begleiters, der eigentlich auch ein lebensbegleitender Mensch ist, da er/sie die wichtigsten Jahre der Gehirnentwicklung wesentlich mitbegleitet. Ein Zitat seiner Heiligkeit des Dalei Lama, bringt das Konzept näher an die Antwort heran, warum beobachten und zuhören wichtige Schlüsselpunkte im täglichen Leben sind:

> *„Wenn du sprichst, wiederholst du was du schon weißt.*
> *Wenn du aber zuhörst – kannst du unter Umständen etwas Neues lernen!"*

Ich liebe es Akteur im Leben zu sein. So versuche ich Beobachter und Zuhörer zu sein. Die unzähligen Beobachtungen von Jugendlichen in der Stadt, bei Freunden, Bekannten u.a. anhand ihres Seins lässt sich sehr gut erkennen, welche Ergebnisse die verschiedenen vorhandenen Bildungs- und Erziehungsmodelle unterstützend zur elterlichen Betreuung bewirken. Einige davon finden große Begeisterung, andere tiefes Nachdenken über unsere Ansätze.

Die Begleitung von Kindern in den frühen Lebensjahren

DIE WURZELN VON TLI PEDAGOGICS IN WISSENSCHAFTLICHEN BERICHTEN

Für die Erarbeitung der Methode *TLI Pedagogics* wurden internationale Studien herangezogen. Hier möchte ich jene Auszüge anfügen, die wesentlich mein Nachdenken über notwendige Veränderungen in der frühkindlichen Begleitung beeinflusst haben. Ich selbst sehe die Gruppenbetreuung von Kindern in den ersten Lebensjahren unter sehr gut überlegten Kriterien und Rahmenbedingungen als familien- und bildungsunterstützend. Trotzdem dürfen wir unsere Augen vor den warnenden Hinweisen nicht verschließen. In meinem Studium der Krippenforschung habe ich im gleichen Ausmaß positive wie auch negative Artikel und wissenschaftliche Unterlagen gefunden. Die positiven Ergebnisse finden Verwendung in den meist gängigen Betreuungseinrichtungen. Auf die eher negativen Ergebnisse wird jedoch weder hingewiesen, sowie auch kaum Rücksicht in der Umsetzung genommen. Die Notwendigkeit von qualitativ-hochwertiger Begleitung und von optimalen Rahmenbedingungen werden immer wieder aufgezeigt und dennoch kaum umgesetzt. Dabei spielt der Faktor „Geld" natürlich eine große Rolle. Ich bin davon überzeugt, dass diese Bedingungen geschaffen werden können und somit eine ganzheitliche Veränderung für unsere Kinder passieren kann. Von positiven oder zumindest keinerlei negativen Ergebnissen bei den Kindern wird in den verschiedenen Studien vor allem dann gesprochen, wenn folgende Faktoren vorliegen:

- Ein hoher Betreuerschlüssel
- Geringe Stressbelastung in der Gruppe
- Hohe individuelle Zuwendung zu den einzelnen Kindern
- Ein stabiles Elternhaus mit großem Sicherheitsbewusstsein für das Kind
- Eine weitere stabile Bezugsperson (Großeltern, Nanny, etc.) für das Kind

Achtsam müssen wir vor allem dort sein, wo Kinder

- zu lange Betreuungszeiten oder zu große Gruppen vorliegen
- Individualität in der Gruppenbetreuung nicht erhalten können
- einen zu hohen Lärmpegel vorfinden und somit einem belastenden Faktor ausgesetzt sind
- Instabilität im Elternhaus erleben (Streit, Trennung, Sorgen, etc.)

- Mütter haben, die auf Grund von zu viel Mehrfachbelastung, etc. keine enge Bindung zum Kind aufbauen können
- ständig in ihrem Spiel- und Lernprozess unterbrochen werden und dadurch kein nachhaltiges Lernen passiert
- und anderes

Die hier angeführten Ergebnisse kommen aus folgenden Studien:

- NICHD Studie – USA 2007
- NICHD Erweiterung durch Belsky
- Study of Early Child Care and Youth Development (SECCYD)". Seit 1991
- Sozialpädiatrie – Dr. Rainer Böhm
- Steve Biddulph - Wissenschaftler an der Universität in Melbourne
- Early Childhood Longitudinal Study (ECLS-K)
- Dr. Penelope Leach - Studie „Families, Children and Child Care" FCCC
- Münchner Kinderpsychiater und Psychoanalytiker – Karl Heinz Brisch
- GAIMH – German Speaking Association for Infant Mental Health
- Wiener Krippenforschung
- und andere ...

Besonders hilfreich ist für jeden, der dieses Thema genau studieren möchte die Zusammenfassung von Frau Gisela Geist www.gute-erste-kinderjahre.de. Nochmals möchte ich darauf hinweisen, dass es mir nicht darum geht zu sagen, dass außerhäusliche Betreuung grundsätzlich schlecht ist, sondern Bewusstsein dafür zu schaffen, dass es qualifizierte BegleiterInnen, Angebote und Rahmenbedingungen braucht.

(NICHD-Studie, USA 2007).

> *Je kleiner und daher verletzlicher das Kind, desto dramatischer die Auswirkungen der häufigen Trennung von der Mutter (primäre Bindungsperson). Während bei 70 bis 90 Prozent die Krippenkinder stark erhöhte Werte des Stresshormons Cortisol nachgewiesen werden (Werte wie bei gestressten Managern oder Lehrern mit Burn-Out), sinken diese Werte v.a. bei Kindern unter zwei Jahren nach fünf Monaten in der Kita wieder („Wiener Krippenstudie"*

2012). *Sie gleichen sich jenen Werten an, die in den 90er-Jahren bei gleichaltrigen Kindern in rumänischen Waisenhäusern nachgewiesen wurden. Es handelt sich hier um das sog. Erschöpfungssyndrom: Früher interpersonaler Stress führt zur dauerhaften Herabsetzung der Cortisol Werte und zu bleibenden Funktionsstörungen des Stressverarbeitungssystems (HPA- Achse), was wiederum die Anfälligkeit für seelische Störungen im späteren Leben erhöht. (entnommen dem Zukunft CH Infoblatt)*

Die NICHD-Studie ergab nach Belsky (5) bei unvoreingenommener Interpretation auch Hinweise auf einen Einfluss von Krippenbetreuung auf die Eltern-Kind-Beziehung:

Die Studie habe ergeben, dass Mütter, deren Kinder in Tagesbetreuung waren, tendenziell weniger sensibel auf ihre Kinder eingehen konnten. Weiter konnte bei 15 Monate alten Kindern festgestellt werden, dass die unsichere Bindung zunahm, wenn die Mutter geringe Sensibilität für ihr Kind hatte und außerdem die Fremdbetreuung mehr als 10 Stunden die Woche betrug. Untersuchungen bei 3-Jährigen ergaben: Je mehr Zeit die Kleinen die ersten 3 Jahre in Fremdbetreuung gewesen waren, desto negativer waren die Auswirkungen auf die Mutter-Kind-Interaktionen.

„Study of Early Child Care and Youth Development (SECCYD)". Seit 1991 wurden in der Studie über 1300 Kinder untersucht. *(Text: © Dunja Voos. Bild: © Maja Dumat, Pixelio)*

Aggressionen noch im „Normbereich": Kinder, die mindestens 10 Stunden pro Woche in der Kinderkrippe verbracht hatten, im 6. Schuljahr häufiger Aggressionen und schwieriges Verhalten zeigen, als Kinder, die von den Eltern, der Tagesmutter oder einem Kindermädchen betreut wurden. Der gemessene Grad an Aggressionen war zwar hoch, aber noch im „Normbereich". Allerdings lässt die Vielzahl der betroffenen Kinder die Wissenschaftler aufhorchen. Dieses Studienergebnis stützt die Beobachtungen psychoanalytischer Entwicklungspsychologen, nach denen Kleinkinder die persönliche, kontinuierliche und umfassende Zuwendung mindestens einer Bezugsperson brauchen, um sich in gesunder Weise emotional entwickeln zu können.

Jugendarzt Rainer Böhm vom Sozialpädiatrischen Zentrum in Bielefeld-Bethel in der «FAZ» entschieden vor den Folgen gewarnt. Er argumentierte damit, dass

> *wissenschaftliche Studien einen schädlichen Einfluss auf die kindliche Entwicklung belegten. Nach neusten Forschungen sei von einer dauerhaften Stressbelastung der Kinder auszugehen, die akut und chronisch krank machen könne. Dr. R. Böhm leitet in seinem Vortrag *„Cortisol versus Bindung" vom 28.02.2015 auf der Didacta (13) ein frühkindliches Achtsamkeits- und Empathiedefizit durch Krippenbetreuung ab. Er verweist auf eine Bewertung von 15 Studien durch Jenet I. Jacob, die zwischen 1998 und 2006 erschienen sind. Diese kommt u.a. zu folgenden Ergebnissen:*
> - *Durchschnittliche Wochenstunden früher, außerfamiliärer Tagesbetreuung sind der Faktor, der am stärksten und konstantesten mit dem späteren Sozialverhalten verbunden ist.*
> - *Umfangreiche, außerfamiliäre Tagesbetreuung ist für das gesamte frühe Kindesalter mit geringerer Sozialkompetenz und Kooperationsfähigkeit, vermehrtem Problemverhalten, schlechterer Stimmungslage, sowie aggressivem und konflikthaftem Verhalten verbunden.*

Steve Biddulph, Wissenschaftler an der Universität in Melbourne, Autor und Familientherapeut meint:

> *„Für Kinder, die bereits sehr früh und intensiv über einen langen Zeitraum hinweg in einer Gruppe fremdbetreut werden, bestehen ernsthafte Risiken. Dies waren die drei Risikofaktoren: zu viel, zu früh, zu lang. Diese Kinder hatten einige Persönlichkeitsveränderungen erfahren."*

Early Childhood Longitudinal Study (ECLS-K). Diese Langzeit-Studie mit 14.000 Kindern von 1998 – 2007 in USA ergab, dass

> *im Vergleich zu familiärer Betreuung die Krippenbetreuung Fähigkeiten wie frühes Lesen und Schreiben verbessert – sie führt aber zu vermehrten Verhaltensauffälligkeiten. Lesen und Rechnen verbesserte sich am deutlichsten, je später sie in Tagesbetreuung kamen, nämlich zwischen 2 und 3 Jahren. Bei weiteren Studien von 12 jährigen konnte aber erkannt werden, dass dieser Vorsprung bei vielen nicht nachhaltig war und verloren ging. Viele Faktoren mussten dazu berücksichtigt werden. Der negative Verhaltenseffekt war umso größer, je früher der Beginn der Betreuung.*

Dr. Penelope Leach, führende Entwicklungspsychologin in England und Leiterin der großen britischen Studie „Families, Children and Child Care" FCCC äußert sich zusammenfassend folgendermaßen (zitiert nach (7)):

> *„Studienergebnisse aus der ganzen Welt zeigen ziemlich eindeutig, dass je weniger Zeit Kinder unter 3 Jahren in Gruppenbetreuung verbringen, desto besser für sie."*
> *Und weiter: Irgendwann jenseits des Alters von 2 Jahren, wenn Kinder stärkere Beziehungen untereinander als zu Erwachsenen aufbauen, beginnt qualitativ hochwertige Gruppenbetreuung klare Vorteile zu zeigen.".*

Nachuntersuchungen NICHD, Vandell:

> *In einer Nachuntersuchung der NICHD–Studie bei 15-Jährigen ehemals früh- und fremdbetreuten Kindern, nach Vandell, 2010 (sie ist ebenfalls Mitautorin der o.g. NICHD-Studie), wird signifikant vermehrt impulsives und risikoreiches Verhalten festgestellt, wie:*
> - *Alkoholkonsum*
> - *Rauchen*
> - *Drogenmissbrauch*
> - *Waffengebrauch*
> - *Stehlen*
> - *Vandalismus*

Dr. K. Sarimski, Professor für Frühförderung in Heidelberg:
> *„Elterliche Zuwendung ist ein biologischer Schutzfaktor für die Gehirne kleiner Kinder."*

Karl Heinz Brisch – Kinderpsychiater und Psychoanalytiker:
> *Wer für den Kindergarten ausgebildet ist, hat von Säuglingen und Zweijährigen nicht unbedingt eine Ahnung.*

GAIMH – German Speaking Association for Infant Mental Health:
> *Empfiehlt bei Kindern unter drei Jahren altersgemischte Kleingruppen von 6-8*

Kindern mit einem Bereuungsschlüssel, der "näher bei 1:2" als bei 1:3 liegt.

Aus dem Buch „*Wie Kinder denken lernen (Manfred Spitzer und Norbert Herschkowitz)* Erzwingen von Entwicklung auch durch Förderung kaum möglich:
Jägerstämme in Afrika haben ein besonderes Interesse, dass ihr männlicher Nachwuchs so rasch wie möglich frei gehen und frei rennen kann. Man hat die Jungen ab dem fünften Lebensmonat praktisch dazu gezwungen, zu gehen, zu rennen, und es klappte nicht. Es war nicht möglich, bei allem Wollen, bei aller Motivation, bei allem Zwang. Es braucht dazu die biologischen Grundlagen, damit eine Bewegung, damit Bewegung wirklich durchgeführt werden kann. Üben, Aktivität und Erfahrung spielen erst nach dem Reifungsprozess im Gehirn eine große Rolle.

Dem entgegen steht die Forschungsreihe *Precocity of African Children* wo ein schnelleres Heranreifen der motorischen Fähigkeiten erkannt werden konnte. Aus dem Artikel, „*Gesell tests on African children*" by M. Geber, et a. (Pedriatrics, 20:1055, 1957) geht hervor, dass den *"Negro"* eine schnellere Entwicklung zugesagt wird als den vergleichsweise "weißen" Kindern. Faktoren hierfür werden aber vor allem im genetischen und kulturellen gefunden. *(@Copyright, 1958 by the American Academy of Pediatrics)*

Der Neurobiologe Prof. Gerald Hüther, (17) schreibt in seinem Aufsatz:
„Die Bedeutung emotionaler Sicherheit für die Entwicklung des kindlichen Gehirns" über den Einfluss positiver früher Bindungs- und Beziehungserfahrungen auf die Entwicklung von (Selbst-) Vertrauen als Basis für differenzierte Entwicklungsprozesse im kindlichen Gehirn. Er betont, dass frühe Bindungsstörungen dagegen eine differenzierte Entwicklung des Gehirns und der Persönlichkeit behindern, was im späteren Leben nur schwer korrigierbar ist. Er beschreibt, wie die Kinder versuchen, den Mangel an emotionaler Sicherheit zu kompensieren durch verstärkte Selbstbezogenheit, was mangelndes Einfühlungsvermögen und Beeinträchtigung von Sozialkompetenz zur Folge hat. Hüther beschreibt, wie sich diese Kinder gegenüber fremden Einflüssen und Anregungen insgesamt abschirmen. So können keine vielfältigen neuen Erfahrungen gemacht und im kindlichen Gehirn verankert werden. Wichtige Entwicklungsprozesse im kindlichen Gehirn finden nicht mehr oder nur eingeschränkt statt.

Wiener Krippenstudie, Dr. Wilfried Datler und Lieselotte Ahnert:
Der Eintritt in eine Kindertagesstätte wird von vielen Kindern als belastend erlebt. Dies kann durch weinen aber auch durch Nicht-Weinen zum Ausdruck gebracht werden. Die Erhebungen wurden mittels der psychoanalytischen Methode der Young Child Observation nach dem Tavistock-Konzept beobachtet. Weiters wurden regelmäßig Videoaufnahmen gemacht und Speichelproben der Kinder gesammelt, um die Cortisolausschüttung der Kinder bestimmen zu können. Dabei wurde auch in einer Langzeitwirkung angedeutet, dass Kinder, die keine sanfte Loslösung und somit eine Bindungsstörung durch die Loslösung erfahren im Alter von 4 Jahren mit Verhaltensauffälligkeiten reagieren können.

Grossmann und Grossmann: 1998
Kinder, die eine unsichere-vermeidende Bindung zu ihren Bezugspersonen entwickelt haben zeigen keine offenkundig erkennbaren negativen Reaktionen auf die Trennung von ihren Bezugspersonen, obgleich sie innerlich mit massiven Gefühlen der Verunsicherung, des Schmerzes und der Angst kämpfen. Zu berücksichtigen ist, dass Kleinkinder negative Gefühle nicht nur durch Weinen zum Ausdruck bringen, sondern auch durch stille Traurigkeit, durch zielloses Herumwandern, durch stereotype Bewegungen, durch Hyperaktivität, durch Rückzug und andere Verhaltensweisen, die in der Fachliteratur zusehends als typische Verhaltensweisen „still leidender Kinder" bezeichnet werden.

Dr. Jürgen Wettig, Leitender Arzt für Neurologie, Psychiatrie und Psychotherapie, beschreibt in aller Kürze (16) neurophysiologische Zusammenhänge in der frühen Hirnentwicklung:
„Anhaltender frühkindlicher Stress führt im unreifen Hirn zu einer bleibend erhöhten Empfindlichkeit der Hypothalamus-Hypophysen-Nebennierenrinden-Achse sowie zu einer Volumenverminderung des Hippocampus durch erhöhte Glucokortikoidspiegel. Er zieht folgende Schlüsse: „Demzufolge sind sichere Bindungserfahrungen Voraussetzung für die Balance der Stressachse im kindlichen Gehirn und für die effiziente neuronale Vernetzung.

Erkenntnisse über die frühkindliche Entwicklung aus der Tiefenpsychologie und analytischen Psychotherapie.

Je abhängiger Kinder in den ersten Lebensjahren sein dürfen, desto selbstbewusster und unabhängiger können und wollen sie später werden.

Die Basis von späterer „Sozialkompetenz" sind in den ersten drei Lebensjahren duale Beziehungen zu wenigen, zuverlässigen und emotional reifen, einfühlsamen Bindungspersonen.

Denn Kinder lernen daran, wie sie behandelt werden, sich selbst und andere behandeln. So werden vor allem in den ersten 3 Jahren die Grundlagen geschaffen für eine gesunde emotionale, körperliche, soziale und kognitive Entwicklung. In dieser Zeit entscheidet sich, ob ein Kind mit Grundgefühlen von Sicherheit, Geborgenheit und Verlässlichkeit (auch Urvertrauen genannt) oder aber mit Grundgefühlen von Unsicherheit, Selbstzweifeln und Angstbereitschaft ins Leben geht. Diese emotionale Grundstruktur prägt die spontane Erlebensweise und Grundhaltung in seinem späteren Leben.

Mag. Theresia Herbst, Klinische Psychologin, Gesundheitspsychologin, sicherebindung.at

Die Bindungsperson gewährleistet Schutz und Geborgenheit. Säuglinge benötigen ihre Bindungsperson für die Ko-Regulation ihrer Bedürfnisse und die Ausbildung ihres Ich-Bewusstseins. Kleinkinder benötigen sie als verlässlichen und verständnisvollen Partner für ihre Willensausbildung, Autonomieentwicklung und Etablierung ihres „Selbst". Kleine Kinder haben große Angst vor Trennung. Diese Angst beginnt im ersten Lebensjahr und dauert bis in das Grundschulalter hinein. Diese Trennungsangst ist zwischen dem 1. und 3. Geburtstag am stärksten ausgeprägt. Säuglinge dürften streng genommen gar nicht von ihrer Bezugsperson längere Zeit getrennt werden. Längere Trennungen führen zu Protest, Verzweiflung und Rückzug/Entfremdung von der Bindungsperson. Schmerzhafte Trennungserlebnisse können von Kindern unter 3 Jahren kognitiv noch nicht verstanden werden und haben einen bleibenden Einfluss auf ihre Gefühlswelt bis in das Erwachsenenalter hinein. Ihre schmerzhaften Erfahrungen als DDR-Krippenkind stellt Hanne Götze in ihrem 2011 erschienenen Buch dar, welches durch den aktuellen gesellschaftlichen Widerstand zum Thema erst im zweiten Anlauf veröffentlicht werden konnte. Ihr authentisches Buch beruht auf dem Erfahrungspotenzial des Ostens Deutschlands, in dem sie aufwuchs und bis heute lebt. Die ersten drei Jahre sind nachweislich bedeutsam für eine gesunde Persönlichkeitsentwicklung. Der achtsame Umgang mit den Bindungsgefühlen kleiner Kinder hat neben der Sorge um körperliche Unversehrtheit oberste Priorität. Die Versorgung von Babys und Kleinkindern ist deutlich anspruchsvoller, als gemeinhin angenommen.

Abschließend sagen die Psychoanalytiker:

> *„Die Gestaltung von Bindungen und die Bewältigung von Trennungen sind lebenslang die schwierigsten seelischen Aufgaben des Menschen. Sie erfordern gerade am Lebensbeginn von allen verantwortlich Beteiligten hohe Sensibilität und ein Wissen um die Verletzlichkeit der frühen Entwicklung".*

DIE AUTORIN

Marion Hopfgartner entdeckte als Freigeist
am 19. März 1978 nicht ganz freiwillig diese Welt.
Vorerst blieb sie zwei Wochen länger im Bauch ihrer Mutter und
erst durch einen Sturz wurde sie wachgerüttelt.
Jetzt konnte sie es kaum erwarten aus dem Bauch zu kommen.
Für ihre Eltern war sie eine große Herausforderung.
Ihre ersten Lebensmonate verbrachte sie fast ausschließlich
auf dem Arm einer sehr liebenden Mutter,
denn kaum wurde sie in das Bettchen gelegt, begann sie zu schreien.
Schon mit wenigen Monaten war sie sehr willensstark
und hatte eine Kraft entwickelt,
die dazu führten, dass sie ein Gitterbett durchtrat,
um es von einer Seite des Raumes zur anderen Seite zu befördern.
Den freien Geist hat sie sich genauso erhalten,
wie die Liebe, die Lebensfreude und die Kraft,
mit der sie alle ihre Aktivitäten umsetzt
und Herausforderungen begegnet.
Mit diesem Buch erfüllt sie sich einen Wunsch,
der nunmehr seit zirka 18 Jahren in ihr schlummert –
und zwar Eltern, PädagogInnen, BetreuerInnen,
Tageseltern, Nannys ... eine neue Sicht der Begleitung von Kindern
durch die ersten Lebensjahre zu zeigen und damit
ein neues Zeitalter des Miteinander von Generationen einzuleiten.
In ihrer Tätigkeit mit Kindern in diesem Alter
konnte sie ganz klar erkennen,
dass die erlernten Techniken nicht ausreichen,
um Kinder in den ersten Lebensjahren optimal zu begleiten!
Deshalb *The Lelek Idea* auch bekannt als *TLI Pedagogics!*

Platz für Notizen:

Platz für Notizen:

Platz für Notizen:

www.ingramcontent.com/pod-product-compliance
Lightning Source LLC
Chambersburg PA
CBHW041611220426
43668CB00001B/7